Jean-Philippe Faure

Éduquer
sans punitions
ni récompenses

Du même auteur aux Éditions Jouvence

Le couple, chemin d'écoute et de partage, 2007
L'empathie, le pouvoir de l'accueil, 2003
(avec la collaboration de Céline Girardet)

Extraits du catalogue Jouvence

Pratique de la Communication NonViolente,
Wayland Myers, 2007
L'hygiène naturelle de l'enfant,
Sandrine Monrocher-Zaffarano, 2005
Les clés de l'harmonie familiale, Christel Petitcollin, 2004
Masser bébé, Rachel Izsak-Simonet, 2004
Bien communiquer avec son enfant,
Christel Petitcollin, 2003
La Communication NonViolente au quotidien,
Marshall B. Rosenberg, 2003
Prendre soin de soi pour prendre soin de l'autre,
Rosette Poletti & Barbara Dobbs, 2003
Déverrouiller ses blocages, Marie-France Muller, 2002
Donner du sens à sa vie,
Rosette Poletti & Barbara Dobbs, 2002
La vie simple, Pierre Pradervand, 1999
Les mots sont des fenêtres (ou des murs),
Marshall B. Rosenberg, 1999

Catalogue Jouvence gratuit sur simple demande.

ÉDITIONS JOUVENCE

Suisse : CP 184, 1233 Genève-Bernex
France : BP 90107, 74161 Saint-Julien-en-Genevois Cedex
Site internet : **www.editions-jouvence.com**
E-mail : info@editions-jouvence.com

Maquette & mise en page : Éditions Jouvence
Dessin de couverture : Jean Augagneur

© Copyright Éditions Jouvence, 2005
ISBN 978-2-88353-422-3

Sommaire

Préambule 5

1. Expérience personnelle et motivation . . . 7
2. Les visées de l'éducation 13
3. L'attention au sens 17
4. Arrêtons de croire à l'erreur 20
5. La critique vue comme une
opportunité 26
6. Une qualité d'accueil 31
7. L'empathie, un soutien à notre capacité
d'accueil 34
8. Offrir notre présence 38
9. Le respect de nos ressentis 42
10. Une pédagogie de l'élan 47
11. Apprendre à ne pas savoir : la remise
en cause, fondement d'une pédagogie
non-directive 51
12. Le problème des limites 55
13. La valeur de la parole 63
14. Observer ou rêver le monde 68
15. Le triangle relationnel 72

16. La relation de confiance 77
17. Le rapport à l'exigence 79
18. Une journée d'Ivan, écolier en 2020 . . 84
19. Les caractéristiques d'une école
non-directive 88
20. Ouverture 92

Bibliographie 94
Pour en savoir plus 95

Préambule

Un souci de légèreté et le peu de place à disposition dans un recueil destiné à une collection de poche m'ont conduit à poser un certain nombre de croyances comme des vérités, et non, ainsi que j'aimerais les vivre, comme des hypothèses. Je souhaiterais, malgré les raccourcis qui en résultent, ne pas donner l'idée que j'aurais la prétention d'avoir une certitude (c'est-à-dire la cristallisation d'un schéma figé de pensées) sur quoi que ce soit.

Je serais rassuré si les lecteurs voulaient bien n'adhérer de prime abord à rien de ce qui est écrit et expérimentaient pleinement ce mouvement joyeux de la critique, qui remet en cause toutes les notions (autant les nôtres que celles des autres).

Le contenu de ce livre s'appuie sur, et est limité par, mon expérience de formateur en Communication NonViolente, en Suisse et en France. Je renvoie les personnes qui souhaiteraient en mieux comprendre les fondements aux ouvrages de son créateur : Marshall Rosenberg.

J'ai fait le choix de ne pas aborder bien des aspects liés à une pédagogie coopérative, comme la prise de décision par consensus ou la gestion des règles, à cause de l'ampleur de cette matière. Elle fera l'objet d'un autre recueil.

Trop de personnes m'ont soutenu dans cette rédaction pour qu'il me soit possible de les citer toutes. Néanmoins, je tiens à exprimer une gratitude particulière à Aline Bourrit, Christiane Goffard et Patrick Wouters. Leurs apports m'ont été très précieux pour clarifier tant ma démarche que ces pages.

1

Expérience personnelle et motivation

Un jour je m'attendais moi-même
Je me disais Guillaume il est temps que tu viennes
Pour que je sache enfin celui-là que je suis.
Guillaume APOLLINAIRE

COMME DES MILLIARDS d'autres enfants, j'ai appris à oublier la relation à moi-même. J'ai appris à renier mes ressentis pour donner foi aux croyances des adultes. J'ai appris à nier mes émotions par des actes de volonté et à accumuler en sous-main les tensions. J'ai appris à donner l'essentiel de mon temps à mes pensées et quelques minutes d'aumône à mon corps, pour le faire taire quand il criait famine. Cette œuvre de destruction, de séparation, de refoulement, est appelée « l'éducation ».

De six à dix-huit ans, j'ai accumulé un savoir qui m'était tout extérieur. On m'a inculqué des milliers de notions dont je voyais peu l'utilité, au détriment des sujets vivants de ma curiosité. Au sortir de l'école, les déclinaisons des verbes m'étaient plus familières que l'intérieur de mon corps. Je savais les noms de la plupart des pays du monde, mais j'étais incapable d'exprimer le sentiment qui m'habitait. J'ignorais d'ailleurs sa présence : l'école avait contribué à faire de moi un illettré émotionnel.

J'ai eu la chance que ces années scolaires n'aient pas complètement étouffé ma curiosité. Peu à peu, j'ai appris à revoir le monde comme une matière vivante, redécouvert la joie d'explorer quand la recherche est en liaison avec mon élan profond. La Communication Non-Violente (que j'appellerai désormais CNV) m'a permis de me plonger dans des sujets d'étude dont je ne me souviens pas qu'un enseignant m'ait jamais parlé : me relier à mes sentiments et à mes besoins, exprimer mon authenticité, prendre ma place dans un groupe, gérer les conflits avec confiance et bienveillance...

J'ai réalisé à quel point m'avait manqué ce volet que développe la CNV pendant mes années scolaires. Puis, peu à peu, s'est révélée à moi une pédagogie plus globale, prenant en considération le plein potentiel de l'être humain. Il ne suffisait pas de prendre en compte l'aspect relationnel dans l'éducation, sans modifier la structure de l'enseignement, comme me l'ont demandé des professeurs lors de séminaires. Communiquer autrement impliquait de changer sa manière d'être avec soi et son rapport au monde. Surgissait alors une pédagogie déroutante : de la présence à soi-même et non plus de l'absence ; du cheminement et non plus du but ; de l'instant et non plus un programme. Il s'agissait de faire une révolution si complète qu'elle modifierait tous les cadres de référence de notre société, car elle devrait arracher les racines profondes de la violence que sont la culture et les croyances.

Pour avoir beaucoup rêvé ma vie, je suis conscient du danger d'une existence virtuelle. Je constate à quel point ma relation à la réalité peut être fragile et combien je peux me replonger facilement dans un univers de fictions, quand l'événement que je vis me bouscule émotionnellement. Cela m'a rendu sensible à la souffrance que peut amener cette coupure de la réalité, sur le long terme, chez des enfants.

Aussi, je ne peux m'empêcher de songer à la force de vie qui bouleverserait notre Terre, si l'éducation pouvait aider, ne serait-ce que cent mille jeunes, à incarner la puissance de leur plein potentiel ; si les apprentissages contribuaient à susciter des êtres humains autonomes, sensibles à leur environnement et reliés à eux-mêmes.

Ce sont quelques pistes allant dans la direction de cette vision que je vous invite à emprunter avec moi.

Dans la pratique des écoles, l'éducation s'est figée sur l'accumulation de savoirs et l'acquisition de façons de penser, au détriment de toutes les autres formes d'intelligence. Cette focalisation sur les capacités mentales restreint le pouvoir d'adaptation de l'individu. Dans mon travail d'accompagnement en CNV, je rencontre bien des gens qui *savent* leurs problèmes, ce qu'ils pourraient faire pour aller mieux… et bien sûr n'arrivent pas, avec la seule compréhension intellectuelle, à quitter le schéma dont ils aimeraient se libérer. Pour opérer la transformation qu'ils souhaitent, ils doivent développer leurs intelligences corporelle et émotionnelle.

Quant à la famille, les parents sont de plus en plus impuissants à consacrer le meilleur de leur attention à leurs enfants : les pressions du système économique les font revenir chez eux surmenés et épuisés. En outre, quels que soient les mérites de ce qu'ils arrivent à transmettre, les valeurs qu'ils peuvent incarner vont s'opposer à la puissante inanité de celles que la culture véhicule. Les enfants vont ainsi être désorientés par des messages contradictoires.

De plus, un fort conditionnement est à l'œuvre pour ne pas donner aux jeunes le même respect intrinsèque qu'aux adultes. Quels que soient les lieux de rencontre, l'attitude se modifie selon que l'on parle à un être dit « mineur » ou « majeur ». Pendant mon enfance, j'ai vécu cette différence d'attention avec douleur et suis resté très sensible à ces variations d'égard. Maintenant encore, quand j'entends dans la rue un adulte crier après un autre être vivant, il m'est

– 10 –

fréquemment nécessaire de me tourner vers lui pour voir s'il s'adresse à son chien ou à son enfant. Le même ton, les mêmes intonations, les mêmes mots sont employés dans les deux cas.

J'aspire à vivre dans un monde qui serait libéré des jeux de pouvoir liés à l'âge, où les anciens systèmes de croyances qui les fondent auraient disparu. Une de mes amies a quatre ans. Bien sûr, nos sujets de conversation ne sont pas les mêmes qu'avec d'autres de mes relations : le sens de l'humour est différent à cet âge qu'à quarante. Et pourtant, je ne vois pas de différence foncière entre cette amitié et d'autres.

Paradoxalement, à côté de ce fondamental manque de considération envers les jeunes, je leur vois souvent conférer une liberté d'action et de parole qui m'ahurit ! J'assiste à des scènes où des éducateurs regardent, impuissants, des jeunes casser le matériel qui leur est offert ; j'entends des parents qui se laissent insulter sans réaction (il ne s'agirait pas de croire à l'insulte, mais de réagir à la détresse qui est derrière) ; j'observe sans cesse sur des affiches des messages à l'intention des enfants, élevés au suprême rang de consommateurs. Je vois accorder une liberté de comportement, mais qui n'est pas vécue à partir d'un respect profond. Ce décalage crée une confusion et une violence larvée qui me terrifient.

En matière d'éducation, il m'arrive d'avoir l'impression de vivre, comme Alice, de l'autre côté du miroir de la logique. Les enfants ne peuvent pas s'appuyer sur une ouverture au niveau de leurs besoins, et une clarté sur le plan des règles et des valeurs. On leur offre le déni là où ils aspireraient à être entendus et une permissivité là où une fermeté leur serait un puissant soutien.

2

Les visées de l'éducation

*L'éducation juste cultive notre être tout entier,
la totalité de notre âme. Elle donne à notre esprit
et à notre cœur une profondeur et une compréhension
de la beauté.*
KRISHNAMURTI

FACE AUX DÉFIS de notre temps, où l'humanité est responsable non seulement de sa survie, mais de celle de millions d'autres espèces, nous pourrions espérer que l'éducation soit l'objet de toutes les attentions afin de permettre aux jeunes de développer les capacités d'adaptation que ces enjeux requièrent. Pourtant, je constate avec regret que l'éducation contemporaine est basée sur des paradigmes qui perpétuent d'anciens conditionnements destructeurs :

➡ *La soumission aux croyances dominantes et à des autorités extérieures.*
C'est le parent, l'enseignant, puis le patron, l'homme politique, etc., qui sait ce qui est bon pour le jeune.

➥ *L'acquisition de savoirs et de techniques permettant de prendre un rôle conforme aux grandes normes sociales.*

L'éducation consiste essentiellement en l'accumulation d'un savoir reconnu par un groupe ou par la société. Le genre de matières acquises donne droit à une certaine reconnaissance sociale : il est convenu qu'une compétence en littérature ou médecine est plus valorisante qu'une autre en électricité ou jardinage.

➥ *L'assimilation par les étudiants d'un système de comparaison et de compétition.*

Dans la plupart des écoles, les élèves acquièrent les schémas de la comparaison.

On attend de chaque individu une performance définie globalement à l'avance. Les objectifs sont les mêmes pour chacun et on compare les membres d'un groupe entre eux selon leurs résultats. Le schéma de la comparaison génère celui de la compétition : les élèves ne travaillent pas en fonction d'eux-mêmes, mais pour dépasser les autres.

À travers mon travail de formateur en CNV, j'ai pu constater à quel point ces notions de comparaison et de compétition génèrent de la violence. Les étudiants sont conditionnés à répondre aux exigences du système et se créent pour y arriver des exigences internes (selon la définition qui leur est donnée en CNV : la pression douloureuse vers un but, qui nous coupe du besoin de l'instant). Ils s'habituent à n'obtenir une reconnaissance positive que s'ils arrivent à produire des résultats conformes aux attentes projetées sur eux. Au sortir de leur scolarité, ils ont accumulé des croyances et des jugements destructeurs, en particulier sur eux-mêmes.

➡ *L'étouffement de l'originalité de chaque individu au profit de schémas culturels généraux.* Dans une immense majorité des cas, l'attention est mise sur l'obtention des résultats attendus par l'enseignant ou le système scolaire. Il y a peu de place pour les recherches atypiques ou les cheminements singuliers des étudiants. Même si des récentes réformes scolaires valorisent la démarche plutôt que les résultats, les éducateurs n'ont, semble-t-il, pas été formés à mettre de côté les si précieux éléments de savoirs qu'ils ont assimilés au cours de leurs études. Aussi gardent-ils bien en tête les buts à atteindre. Il y a au mieux une tolérance de l'originalité, mais celle-ci est rarement encouragée.

Quelle pourrait être alors une éducation qui permettrait aux étudiants d'intégrer au mieux leur immense potentiel naturel, qui les soutiendrait pour devenir autonomes, sensibles, créatifs, bienveillants ?

Une éducation au service de la vie viserait à ce que les jeunes :

➥ *soient capables de répondre* avec confiance et créativité aux défis de la vie ;

➥ *apprennent à se connaître* intimement et soient prêts à se remettre en question ;

➥ *soient capables de ressentir* et d'exprimer les émotions, tant pour eux-mêmes que pour les autres ;

➥ *développent les apprentissages* leur permettant de s'insérer dans leurs cultures dans un esprit de coopération et, dans le même temps, acquièrent un réel esprit critique vis-à-vis de toutes les formes de croyances (autrement dit : un amour de la vérité) ;

➥ *puissent prendre la responsabilité* de leur vie et soient conscients des conséquences de leurs actes pour leur environnement ;

➥ *acquièrent des moyens* pour gérer leurs problèmes et souffrances ;

➥ *développent une sensibilité* aux problèmes et aux souffrances des autres ;

➥ *intègrent une réelle capacité* d'attention et de présence à l'instant.

3

L'attention au sens

Si vous constatez une fois que les anciennes méthodes
de châtiment et de récompense sont lettre morte,
votre esprit devient beaucoup plus actif.
KRISHNAMURTI

SELON MOI, le plus grand problème que posent les punitions et les récompenses est qu'elles affaiblissent le sens que le message veut donner. Quand vous dites à un enfant :

« Fais ceci, sinon il va se passer cela ! Si tu ne manges pas la salade, tu seras privé de dessert ! Si tu ne finis pas ce devoir, tu seras privé de télévision ! Si tu fais ce devoir, tu seras récompensé ! »

vous êtes à chaque fois en train de lui suggérer que la première partie du message n'est pas suffisamment valable, et qu'il faut y rajouter quelque chose pour lui donner du poids.

Le problème, c'est la causalité. Petit à petit, les enfants se sentent partagés entre les deux composantes du message situées de part et d'autre du

« sinon ». Et finalement, la plupart d'entre eux vont se conditionner à attacher plus d'importance à la deuxième partie qu'à la première.

J'ai pris particulièrement conscience de ce problème grâce à mon fils, à travers une situation que nous avons vécue. Ce jour-là, nous avions attrapé le tram de justesse. Je n'avais pas eu le temps d'acheter un ticket. À la fin du trajet, je suis allé prendre un billet au distributeur automatique. Alors mon fils m'a regardé d'un air extrêmement surpris et m'a dit :

« Mais Papa, pourquoi tu prends le billet ? Maintenant on ne craint plus rien ! »

Je me suis alors aperçu qu'il avait déjà commencé à être endoctriné par cette éducation de la punition et de la récompense : pourquoi paie-t-on un billet dans un tram ? C'est pour échapper aux contrôleurs, autrement dit, pour éviter la punition. Je lui ai fait part de ma surprise et de ma tristesse qu'il voie les choses ainsi. Si je m'acquitte d'une course en transport public, c'est pour témoigner mon soutien et ma reconnaissance au fait de pouvoir bénéficier d'un tel service, et que j'ai l'envie de contribuer à la poursuite de cet acquis.

Que crée-t-on quand on conditionne les enfants à agir pour être récompensés ou éviter d'être punis ? Un monde de personnes peu libres. Une culture de la peur, avec des gens qui paient les articles des magasins, simplement pour éviter d'être pris s'ils partaient avec, et non pas en écoutant leur besoin d'équité. Des gens qui ne dépassent pas les limitations de vitesse à cause des amendes, et non pas par respect des autres usagers ou écoute d'un besoin de sécurité collective. Des gens qui fraudent le fisc dès que cela leur paraît possible, parce qu'ils n'ont pas été aidés pour développer une appartenance réelle à la société dont ils font partie.

Dans les rapports avec les jeunes, je souhaiterais *développer une culture du sens*. Si l'on accomplit une action, c'est parce qu'elle répond à un besoin constructif. Si des parents demandent quelque chose à leur enfant c'est que cela a un sens et l'important est de le faire comprendre.

Je voudrais dissiper un risque de confusion : je ne suis pas en train de prôner une nouvelle forme de soumission aux institutions, bien au contraire. Je crois que des personnes éduquées à prendre réellement leurs responsabilités vont le plus souvent se conformer aux obligations sociales, parce qu'elles auront la conscience de l'interdépendance foncière entre les êtres humains, ce qui les amènera à la solidarité avec leurs semblables. Mais quand elles décideront d'y déroger, leurs actions seront puissantes, car menées à partir d'une motivation claire. Il ne s'agira plus alors d'une resquille ou d'une contrebande, mais d'une objection de conscience fondée sur un besoin d'intégrité.

4

Arrêtons de croire à l'erreur

*Parce que le maître adopte dès le premier jour le ton
et les procédés d'un juge,
l'écolier prend naturellement l'attitude d'un prévenu…
qui, à chaque instant, peut-être pris en flagrant délit
d'inattention ou d'ignorance.*
Henri ROORDA

UNE CROYANCE que je vois comme l'une des plus destructrices est celle en l'erreur. Nous avons été conditionnés à croire qu'il y a des réponses qui sont justes, que nous devons rechercher, et d'autres fausses, à éviter. De plus, nous avons été conditionnés à croire que des autorités extérieures à nous savent ce qui est juste et ce qui est faux.

Mon fils m'a également aidé à réaliser le danger de cette fixation sur l'erreur. Un jour, il m'a présenté une épreuve de mathématiques pour laquelle il était mécontent de la note. J'ai regardé son travail et me suis rendu compte que sa difficulté avait été causée par un symbole qu'il ne connaissait pas, qui signifiait « multiplier », alors qu'il avait appris la multiplication avec un autre signe. Il y avait toute une série de calculs où il s'était trompé, parce qu'il avait interprété qu'il fallait diviser au lieu de multiplier. Je lui ai fait remarquer :

« C'est chouette, cette épreuve t'a vraiment servi, parce qu'elle t'a permis d'apprendre un nouveau signe ! »

mais il m'a répondu :

« Oui, peut-être, mais cela va casser ma moyenne ! »

J'ai pu constater dans toute une série de discussions avec lui que sa focalisation sur la note plutôt que sur l'apprentissage lui faisait perdre le sens des examens.

Trop souvent, l'attention des élèves n'est pas portée sur la valeur intrinsèque des faits, mais sur l'interprétation du système de références des enseignants.

Il ne suffit pas, comme je l'entends fréquemment, de parler du droit à l'erreur pour apaiser la tension qu'a représentée pour la plupart d'entre nous la peur permanente de nous tromper, de ne pas correspondre aux attentes que l'on avait mises sur nous, et dont il nous fallait peu à peu deviner la teneur. Pour sortir de ce paradigme, il s'agit de trouver une attitude globalement différente.

Le paradigme que je suggère pour sortir de l'opposition entre le juste et le faux, nous offre le choix entre deux opportunités : l'attendu et l'inattendu.

Quand un résultat est attendu, il fait consensus, il étaie des faits, il valide un processus d'apprentissage ou il pose un acquis commun. *La première opportunité est l'intégration du processus qui nous amène à l'attendu.* Non pas le savoir acquis, mais l'incorporation d'une démarche qui va augmenter notre sensibilité aux problèmes de la vie.

Quand un résultat est inattendu, il déclenche un processus d'interrogation de nos habitudes à partir de la surprise initiale. Dans le cadre de l'éducation, il y a une recherche commune. L'auteur de la démarche et la personne surprise – peu importe qui a le rôle d'enseignant et celui d'élève – confrontent leurs impressions, leurs évaluations, afin de vérifier s'il y a une occasion de remettre en cause une connaissance ou de la valider d'une manière nouvelle. *Cette recherche ouverte du sens de l'inattendu est la seconde opportunité.*

Un enseignant en mathématiques m'a fait part des difficultés qu'il rencontrait, quand il invitait ses étudiants à porter leur attention sur leurs processus de réflexion, plutôt que sur les notes qu'ils pouvaient recevoir. Il en est venu à supprimer les notes, mais certains élèves restent focalisés sur les jugements qu'il pourrait leur porter.

Une fois, en évaluant une épreuve, il s'est trouvé devant un résultat si surprenant qu'il en est resté très perplexe. Il s'est contenté de mettre dans la marge :

« Comment en es-tu arrivé à ça ? »

Après avoir reçu son travail, l'étudiante est venue le trouver, en lui demandant :

« Mais, est-ce que j'ai fait juste ou j'ai fait faux ? »

Il lui a répondu :

« Ce qui m'intéresse ce n'est pas ça, c'est de comprendre ta démarche. Peux-tu la reproduire maintenant ? »

Elle a fini par la reconstituer, parce qu'elle imaginait que sa solution était conforme à la norme attendue. Elle a expliqué après coup que sinon elle aurait été trop gênée pour oser lui montrer un processus tant qu'elle le supposait erroné.

« Dans ce cas précis, j'avais du mal à croire à l'intérêt de sa démarche », a rajouté ce professeur, « mais c'était important pour moi d'y rester ouvert : je n'aurais pas appris sur la manière de lui apprendre, si nous n'avions pas refait ensemble son raisonnement ».

Même si aussi bien l'attendu que l'inattendu représentent des occasions, la surprise impliquée par l'inattendu me paraît avoir une valeur pédagogique supérieure. Le plus intéressant c'est quand nous nous « trompons », quand nous restons en recherche, que nous remettons en cause nos schémas de pensée qui, si rapidement, prennent la forme délétère de certitudes. Cette conception va tellement à l'encontre des enseignements contemporains qui mettent l'accent sur cette croyance étrange qu'est la performance, que j'ai bien du mal à faire partager à mon fils l'intérêt que je vois à ce qu'il « rate » une épreuve. Il a des difficultés à l'entendre, parce que ses enseignants lui ont déjà beaucoup demandé de chercher les réponses qu'ils attendent à leurs questions, et de faire en sorte de ne pas les surprendre. Je le regrette, car ce changement de perspective vis-à-vis de l'erreur est l'un des fondements d'une pédagogie axée sur l'attention aux besoins effectifs de l'élève (j'utiliserai aussi le terme « pédagogie non-directive » pour désigner désormais cette éducation centrée sur l'accueil des besoins).

Cette valorisation de l'erreur, dans un cadre de non-jugement, va changer le sens que l'on donne aux tests scolaires. Ils vont pouvoir retrouver leur fonction première de soutien (que je ne me souviens pas avoir vraiment perçu dans mes années d'école). Ils peuvent (re)devenir des outils privilégiés pour révéler les terrains à explorer et ceux mûrs pour être provisoirement abandonnés.

Pour que les évaluations puissent prendre pleinement sens, cela demande qu'elles soient effectuées dans l'esprit d'initier un processus et non de le valider. Elles devraient alors être proposées au début ou en cours d'une période d'apprentissage, plutôt qu'à la fin. Afin de ne pas affaiblir la portée du test pour la personne évaluée, je rêverais qu'on n'y rajoute ni sanction, ni récompense. Et, pour que chaque élève puisse se concentrer sur ce qu'il a à en tirer, je souhaiterais que, si une comparaison est opérée, elle ne se fasse pas entre lui et d'autres élèves, mais entre différents résultats possibles.

Cette non-comparaison générale va permettre d'introduire de *réels défis* pour les élèves. Dans une pédagogie non-directive, nous allons nous intéresser aux besoins de chacun et rechercher avec lui ce qui est un défi lui permettant d'évoluer. Les tests dans l'éducation traditionnelle, presque toujours formatés pour un grand nombre d'élèves, ont bien du mal à rester en liaison avec les besoins individuels. Pour beaucoup, ils suppriment la part de défi, car l'évaluation est inadaptée à leurs compétences, soit trop simple, soit trop ardue.

5

La critique vue comme une opportunité

Dans le monde d'aujourd'hui, le seul objectif éducatif qui ait un sens, c'est l'adaptabilité, c'est-à-dire la foi dans un processus plutôt que dans un savoir figé.
Carl ROGERS

UNE DES DIFFÉRENCES les plus frappantes pour moi entre une éducation au sens de la CNV et d'autres, plus traditionnelles, se trouve dans le rapport à la critique. Dans bien des systèmes éducatifs utilisant les normes habituelles, la critique va être pour l'enseignant le moyen de pointer une erreur, afin qu'elle soit rectifiée. *Il sait non seulement ce qui est juste, mais aussi par quel biais d'autres doivent atteindre cet imaginaire.*

Dans l'esprit de la CNV, la critique reflète l'insatisfaction d'un besoin chez une personne, qui va la partager avec une autre et tenter d'en dégager le sens à partir de cette recherche. L'insatisfaction n'est pas vue comme un problème, même si bien sûr elle peut être vécue douloureusement, mais comme une occasion de prise de conscience. Cette vision et cet emploi de la critique s'intègrent dans le vaste champ de ce que la CNV nomme la *célébration*. Lorsqu'il travaille dans cet esprit, *l'enseignant* ne reprend pas l'élève pour le résultat inattendu qu'il a produit, mais *il le remercie pour sa tentative et lui propose de l'utiliser pour apprendre ensemble.*

Si la critique est employée dans cette optique pendant suffisamment de temps, j'ai l'espoir que les jeunes finiront par la rechercher comme une occasion, plutôt que de la fuir comme une épreuve. Mais, avant d'en arriver là, l'enseignant aura vraisemblablement à apaiser la fragilité que ses élèves auront développée après avoir subi comme des agressions les critiques coutumières. Il lui faudra peut-être montrer l'exemple : encourager les étudiants à lui donner des évaluations et leur en montrer toute la saveur à travers son attitude. Jusqu'au jour où la critique pourra être perçue pour ce qu'elle est : une forme particulière de notre gratitude pour ce que la vie est en train de nous enseigner.

La CNV propose une procédure pour nous soutenir dans l'expression de cette forme de critique constructive :

➡ *Exprimer d'abord notre authenticité :*
- l'observation la plus rigoureuse possible des faits ;
- le sentiment que cela a stimulé chez nous ;
- notre besoin insatisfait ;

– 27 –

– et nous terminons par une demande de connexion.

Par exemple :

> « Quand je constate que sur les vingt questions de ce test de biologie nous ne sommes pas d'accord quinze fois, je suis curieux de connaître les raisons de ce décalage et j'aimerais te demander de m'expliquer les raisons de tes choix ? »

➡ *Écouter avec empathie :*

Les arriérés que nous avons accumulés vis-à-vis de la critique font qu'il est encore rare de trouver des personnes essentiellement en liaison avec ses aspects constructifs. Un réflexe salutaire est alors d'investir un moment dans une écoute empathique du jeune pour vérifier qu'il n'est pas en train de jouer à « qui a tort ? qui a raison ? ».

Ainsi, il peut nous dire :

> « C'est vrai, je ne comprends rien à la bio ! »

Plutôt que d'essayer de le convaincre de la valeur de son raisonnement, il est souvent plus utile de l'aider d'abord à se relier à ses craintes. Ce pourrait être en lui proposant la reformulation suivante :

> « Serais-tu découragé parce que tu as du mal à croire à tes capacités dans ce domaine ? »

➡ *Chercher l'intérêt de notre insatisfaction :*

Dans quelle mesure elle va permettre à l'évalué d'évoluer et à l'évaluateur de réviser sa vision des choses. S'il y a ouverture, vraisemblablement les deux mouvements se feront. C'est une recherche mutuelle avec un bénéfice à acquérir pour chacun.

Le critiqueur pourrait poursuivre ainsi :

> « Je suis surpris en réalisant le nombre de points où nous n'avons pas le même avis, parce que je croyais avoir pris suffisamment de temps pour partager mon point de vue et que tu m'avais dit être d'accord. Cela serait important pour moi de réaliser là où j'aurais pu être plus clair. Est-ce que tu voudrais bien m'aider en me résumant ce que tu as cherché à faire ? »

➡ *Célébrer le sens de ce qui a émergé :*

Parfois le profit est plus présent pour la personne qui reçoit l'évaluation, parfois plus actualisé pour celle qui la donne.

Dans le cas décrit auparavant, une fois que l'élève et l'éducateur se seraient accordés sur l'enseignement à tirer de leur différence de vison, ils pourraient dire, pour le premier :

> « Je suis soulagé parce que maintenant ce sujet me paraît plus simple et cela me donne un petit peu plus confiance en moi en biologie ! »

et pour le second :

> « Cela me soulage aussi d'avoir saisi ce que tu n'avais pas compris de mon raisonnement. Maintenant, j'ai une idée de

comment je pourrais expliquer autrement ce sujet une prochaine fois. »

Ce qui va changer le rapport à la critique, ce
n'est pas tant une procédure ou une façon de
s'exprimer, qu'une attitude ouverte de l'éducateur : sa réelle curiosité vis-à-vis de la
démarche du jeune ; sa capacité de mettre de
côté ses connaissances pendant qu'il cherche
avec l'élève ce qu'ils ont à tirer, tous deux, de
cette occasion.

6

Une qualité d'accueil

Écouter cela veut dire aimer.
Aimer signifie : être disponible à ce qui est là.
Éric BARET

IL ME TIENT particulièrement à cœur de développer avec les enfants une relation fondée sur une qualité d'accueil globale. Cette attention fondamentale ne leur est, très souvent, pas donnée. En voici un exemple, pris parmi bien d'autres, et qui m'avait frappé :

J'étais invité, dans une école genevoise, à assister à une formation d'élèves médiateurs. Avec la formatrice, nous avons installé la salle. Manque de chance : arrive un groupe d'acteurs qui nous expliquent que cette pièce était réservée pour leur répétition. Nous voici donc obligés de changer de lieu. La maîtresse survient avec sa classe, commence alors une grande discussion entre elle, l'animatrice et deux autres adultes présents. Durant cinq minutes, ils se sont arrangés entre eux.

– 31 –

Pendant ce temps le groupe d'enfants a été laissé dans son coin. Personne ne leur a dit bonjour ni expliqué ce qui se passait. Pourquoi ? Parce qu'il s'agissait de jeunes. Ce n'était pas naturel à ces gens, pourtant pleins d'intérêt pour ces écoliers, de donner la même qualité d'attention à ce groupe d'enfants qu'à des adultes. J'imagine la même situation avec un groupe de vingt adultes. Le premier réflexe aurait été de leur dire :

> « Bonjour, nous sommes confus de vous faire attendre. Nous avions réservé cette salle, mais nous avons un empêchement. Merci de bien vouloir patienter un moment. »

Cette différence d'attitude en fonction de l'âge de notre interlocuteur est un conditionnement si profondément ancré que je le vois à l'œuvre même chez des personnes remplies de bienveillance envers les jeunes. Dans les relations de majeurs à mineurs, j'observe souvent des changements de ton, de choix de mots, de positions corporelles, que j'interprète comme les indices d'un jeu de pouvoir. Ces changements de rapports se font de manière si inconsciente que les acteurs me disent ensuite, quand je leur en parle, ne pas les avoir réalisés. Seulement, à travers ces manifestations, les enfants ont appris à se soumettre – ou se révolter ou fuir, ce qui reste dans le même champ de conscience.

C'est un point sur lequel j'aimerais insister. Ce n'est pas tant dans les situations difficiles, comme souvent on le croit, que les rapports se fragilisent. *C'est dans la répétition de ces milliers de moments où l'on ne donne pas aux jeunes la même qualité d'accueil qu'aux adultes, que se casse le noyau de confiance.* Ce n'est pas tellement dans les situations de conflit que cette différenciation se joue, car les personnes aux prises savent bien que ce sont des moments délicats, où chacune perd un peu de ses moyens et que chacune fait alors son possible. C'est surtout dans l'accumulation de ces attitudes inconscientes où le mineur est traité avec moins de considération du fait de son âge.

C'est pourquoi avec les enseignants je ne travaille plus forcément sur ce qui se passe du début de leur cours jusqu'à sa fin, mais de la fin de leur cours au début du suivant. Sur toutes les relations, sur toutes les connexions qui se créent dans les couloirs, sous le préau. Toutes ces occasions vont conditionner les jeunes soit à un respect mutuel, soit à une habitude de soumissions ou de révoltes.

Ce qui nuit encore à la qualité de l'accueil, c'est la rigidité des rôles dans lesquels nous avons été conditionnés à nous tenir. Nous nous laissons figer dans l'image de notre rôle, parce que lâcher prise nous insécurise. La capacité de passer d'un rôle à l'autre, en fonction des nécessités de la situation, est justement un élément-clé d'une pédagogie non-directive.

7

L'empathie, un soutien à notre capacité d'accueil

Les parents ne portent sur l'enfant un regard inconditionnellement positif que dans la mesure où ils portent sur eux-mêmes un regard inconditionnellement positif.
Carl ROGERS

L A CNV DÉTERMINE deux pouvoirs dans la communication. Celui de se relier à notre vulnérabilité et de l'exprimer, ainsi que celui de nous ouvrir de manière inconditionnelle au message de notre prochain et de le reformuler. Ce deuxième pouvoir se nomme « l'empathie ».

Elle pourrait se définir comme la qualité de ce qui reste dans notre écoute quand nous nous sommes dépouillés de nos habitudes et de nos défenses :

Quand nous arrêtons *de croire savoir pour l'autre* ce qui est bon pour lui – et donc nous nous abstenons de donner des conseils quand ils ne nous sont pas demandés.

Quand nous cessons de *vouloir faire quelque chose* dans des relations où il nous suffit d'être.

Quand nous acceptons de *ne plus ramener à nous ce qui ne concerne que l'autre* et, dans d'autres moments, de ne plus mélanger l'autre à ce qui ne concerne que nous-mêmes.

Une fois que nous avons fait ce travail d'épuration, nous pouvons nous mettre en phase avec notre interlocuteur. Pendant quelques secondes, nous ne cherchons plus à changer le monde et en particulier la personne qui est en face de nous, nous arrêtons d'imposer à notre entourage le poids de nos exigences et de notre savoir.

Une action profondément écologique peut alors s'amorcer. Nous pouvons nous ouvrir au message vivant qu'essaie de nous adresser notre interlocuteur, souvent avec maladresse. Nous lui offrons le cadeau d'un accueil, qui ne va pas chercher à réformer, ni même à comprendre, mais simplement tenter de créer une connexion de qualité avec lui.

La force de cette bienveillance en action va s'incarner de deux manières :

➥ *À travers nos propositions de reformulation,* où nous proposons à l'autre une interprétation centrée sur les sentiments et les besoins sous-jacents du message exprimé, quel qu'il soit.

➥ *Par le détachement* que nous aurons vis-à-vis de la forme littérale de ce qui est dit. Nous gagnons ce recul grâce à l'intérêt que nous portons à celui qui s'exprime. Pour l'écoutant, chaque phrase contient la manifestation d'un besoin fondamental. Si l'écouté ressent notre attention ouverte, il va pouvoir se laisser aller à être lui-même, puisqu'il n'a plus à convaincre, ni se défendre ou se justifier.

L'accueil empathique n'est donc pas anodin. Quand nous l'offrons, il est un grand service à la relation. Au-delà du résultat que nous pouvons obtenir dans l'instant, la pratique de l'empathie nourrit nos relations, et particulièrement nos relations intimes, d'une qualité de confiance.

Je vois sa portée la plus précieuse dans son application dans la durée. C'est la répétition de situations où l'enfant a pu se sentir accueilli exactement là où il en était, qui est fondatrice d'une *sécurité foncière* dans ses rapports avec lui-même et avec ses parents. C'est un fort soutien pour développer une confiance en lui-même.

Cet accueil n'implique pas que nous allons devoir rester pendant une heure, ou même dix minutes, à l'écoute de ce qu'exprime notre interlocuteur. Souvent même une seule reformulation va changer l'énergie émotionnelle, pour autant que nous ayons créé en nous au préalable un espace suffisant d'ouverture.

Une éducatrice m'a rapporté l'expérience suivante dans son foyer. Elle avait des difficultés avec un jeune qui ne supportait pas certaines obligations de l'institution. Un soir, il s'exclame :

« Ça fait chier de devoir déjà aller se coucher ! »

Elle s'est reliée à ce qu'il devait éprouver et lui a seulement dit :

« Ça t'énerve, tu aimerais tellement pouvoir choisir ? »

Il a juste répondu « Ouais » et est monté dans sa chambre, à la surprise de l'écoutante qui s'attendait à devoir gérer son habituelle résistance.

Une mère m'a parlé d'un épisode très semblable vécu avec l'une de ses filles. Celle-ci tournait autour d'elle dans la cuisine en se plaignant de sa sœur, puis de ses devoirs, de l'école et ainsi de suite. Cette femme s'est arrêtée dans sa tâche pendant quelques secondes, s'est mise en liaison avec l'agacement de sa fille, l'a prise un instant dans ses bras et lui a juste proposé cette phrase :

« Tu n'es vraiment pas dans ton assiette aujourd'hui ? »

L'enfant a paru soudain apaisée. Elle a hoché la tête, puis a laissé sa mère pour se mettre à ses devoirs.

8

Offrir notre présence

> *Tout ce que je voudrais accomplir n'est rien par*
> *rapport à cette chose magique, qui est le fait d'être.*
> Éric BARET

L A MANIFESTATION de ce respect de l'autre
qu'est l'empathie, ne prendrait pas la même
valeur si elle n'était pas le miroir d'un respect de
soi-même. C'est un autre grand cadeau que nous
pouvons faire à nos enfants : offrir la force de
notre présence. Être là, conscient de ce qui se
passe, des sollicitations de notre environnement,
des messages que nous envoient nos proches, de
ce qui vit en nous.

Cette présence est bien un présent, car elle
constitue en elle-même un cadre sécurisant pour
les jeunes. *Pour eux, les repères fondamentaux sont
donnés par la clarté des parents, des éducateurs.* Les
règles que nous allons mettre en place, les demandes que nous allons poser, auront de valeur avant
tout à partir de cette limpidité. L'autorité réelle
ne peut pas s'imposer, elle est conférée par un

– 38 –

groupe. C'est le ressenti de la paix intérieure d'une personne qui va en pousser d'autres à investir en elle leur confiance.

Cette qualité de présence se manifeste de plusieurs façons. Elle se fonde d'abord sur notre authenticité dans l'instant : quand nous nous relions à ce qui nous habite, tant sur le plan corporel, qu'émotionnel et intellectuel, et que nous l'exprimons simplement. Cette capacité à manifester notre vulnérabilité est vue en CNV comme tout le contraire d'une faiblesse. Elle représente une des définitions de la force d'un être humain.

Cela va à rebours de bien des schémas culturels contemporains. Dans nombre de films destinés aux adolescents, la caractéristique des héros est leur impassibilité face aux événements. Que ce soit dans les profondeurs de la brousse ou devant un revolver braqué sur eux, rien ne semble les atteindre. Cette indifférence vis-à-vis des circonstances est présentée comme un modèle pour ce public. Je crains que la référence acquise alors par le spectateur ne soit l'intérêt de refouler ses émotions, au détriment du développement d'une réelle intelligence émotionnelle : la capacité à les percevoir, les exprimer et les gérer.

Non pas que la sérénité face aux situations délicates ne me paraisse pas un but à atteindre. Mais cette tranquillité me sécurise quand elle est le résultat d'un processus d'accueil de notre vulnérabilité et de prise de conscience de nos limites. En refoulant nos émotions, nous obtenons un certain contrôle dans l'instant, au prix d'une tension cachée que nous aurons à payer plus tard. La *présence* ne peut pas s'incarner à partir d'un effort de volonté ou de réflexion. Elle naît d'un lâcher-prise et suit le cours de nos ressentis.

La prise de responsabilité par rapport à nos besoins m'apparaît aussi comme essentiel. Il s'agit de rester fidèle à ce que nous éprouvons, de ne pas nous mélanger avec les réactions des autres, tout en respectant nos besoins. Cet équilibre entre une attitude claire, ferme pour soi et ouverte à l'autre crée les conditions sécurisantes pour les enfants, avant que nous en venions à une quelconque action.

Notre authenticité ne va pas forcément être quelque chose de facile à entendre pour notre interlocuteur. La CNV ne vise pas la gentillesse (si celle-ci consiste à croire qu'il est souhaitable d'éviter les conflits), mais la bienveillance, c'est-à-dire le respect de ce qui nous habite et la confiance en ce que va amener son expression honnête. Ce cadeau de vérité peut prendre parfois la forme de l'expression de notre colère, pour autant que nous arrivions à l'énoncer d'une manière constructive.

Tant de personnes sont maladroites dans la manifestation de leur colère, que beaucoup s'en protègent d'avance, elles ne veulent pas l'exprimer ou plus la recevoir. Pour aider à la faire entendre comme une forme de vulnérabilité, la CNV préconise d'en prendre pleinement la responsabilité et de terminer nos interventions par des demandes concrètes et positives. Ainsi, de réaliser que je ne suis pas irrité contre quelqu'un, mais fâché parce que j'aurais souhaité satisfaire tel besoin ; de ne pas crier sur l'autre tout ce qui nous déplaît en lui, mais de lui dire ce qui nous a manqué et ce que nous souhaitons.

Un ami, qui pratique la CNV depuis quelques années, m'a fait part des changements que cela l'a amené à introduire dans sa communication avec ses enfants. Il avait acquis de ses parents l'habitude de menacer pour obtenir ce qu'il désirait. Mécontent de cette transmission, il a mis son attention à parler à ses enfants avec authenticité. Même pour l'expression de sa colère, il a expérimenté qu'en s'exprimant de cette façon, il obtenait d'eux plus aisément ce qu'il souhaitait, mais plus à partir d'une énergie de peur. Par exemple, quand son fils réalisait que, si son père était fâché, c'était d'abord lié à sa fatigue et son besoin de préserver son temps – et de cela il n'en était pas la cause –, il en était touché, mais sans avoir à culpabiliser.

9

Le respect de nos ressentis

Quand vous cessez de prétendre comprendre votre enfant…
il vous reste l'admiration, le ressenti, le jeu, l'amour.
Éric BARET

APPRENDRE À SE CONNAÎTRE, à développer une liaison bienveillante avec soi-même me paraît au moins aussi important que la maîtrise de la lecture ou de l'écriture. Et, de fait, si nous avions les indicateurs pour pouvoir calculer le taux d'analphabétisme émotionnel et corporel à la fin de la scolarité, je crois que les chiffres seraient atterrants. En Suisse, un niveau d'illettrisme de 15 ou 20 % inquiète. Qu'en serait-il alors de la conscience d'une proportion de 80 à 90 % d'illettrés émotionnels et corporels ? Nous lançons dans la vie dite active d'innombrables individus qui n'ont pas appris à s'écouter, qui ont pris l'habitude de refouler leurs tensions et ne savent pas les mots pour dire leur mal-être. À mettre en regard, au niveau des statistiques, avec les taux importants de dépressions, d'obésité, de suicides et de divorces. J'espère qu'un jour cette matière essentielle qu'est par définition soi-même sera enseignée dans les écoles.

Rêvons à la forme que pourrait revêtir cette partie fondamentale de l'éducation.

Je l'imagine sous la forme d'un seul atelier : celui de la connaissance de soi. L'être humain y serait étudié dans sa globalité, chacune de ses parties renvoyant aux autres. Ce qui importe, c'est l'acquisition d'un réflexe d'attention aux messages que nous envoie notre corps quand nous sommes perturbés, plutôt que de refouler cette information, comme nous sommes tant à avoir appris à le faire. Et ainsi de développer la confiance dans nos ressentis.

Nous allons explorer les différentes portes d'accès à nous-mêmes, en mettant l'accent sur les deux privilégiées que sont les ressentis corporels et les émotions. Bien sûr, le message de l'une est foncièrement lié à celui de l'autre.

La visée d'un enseignement dédié à l'intelligence corporelle serait que l'enfant retrouve l'aisance et le plaisir d'habiter son corps (selon une formule de Thérèse Bertherat). Pour y arriver, plutôt qu'une méthode choisie parmi les dizaines fleurissant dans le supermarché du bien-être, c'est la permanence de la conscience des besoins corporels tout au long des études qui me paraît compter.

Que l'on aide les jeunes à être à l'écoute et à prendre soin de leurs besoins physiques : à bouger, à se nourrir, à se détendre d'une façon saine et respectueuse.

Que l'on apprenne aux enfants à prêter attention aux signaux de leur corps exprimant tensions, malaises, contrariétés et inquiétudes. Qu'on leur donne des clés pour accueillir et transformer ces mal-être.

Ainsi, par exemple :

➡ *Que l'on mette en place des jeux*, des espaces, des rituels pour favoriser le besoin de mouvements dans les classes. Comme des rondes de réflexion, où il serait possible de cogiter un sujet en marchant.

➡ *Que l'on rythme les temps d'étude* par des moments de centrage, de relaxation ou de défoulement corporel.

➡ *Que l'on prévoie des moments d'expression,* de partage sur les ressentis physiques et leurs messages.

➡ *Que l'on offre aux élèves* des sièges ergonomiques, des ballons ou des tabourets.

➡ *Qu'il y ait une ouverture* de la part des enseignants à des positions corporelles jugées souvent irrespectueuses, alors que je les lie plus à la fatigue ou à l'ennui.

➡ *Que soient proposés des ateliers* pour développer le sens du rythme : rythmique, eurythmie, danse, etc.

Quant à l'intelligence émotionnelle, nous pourrions proposer aux enfants une alphabétisation. Que les messages véhiculés par les sentiments deviennent pour eux comme les panneaux de la circulation routière. Chacun avec son sens à connaître : un signe d'impasse, un sens interdit, un dépassement de vitesse… Des messages qu'ils pourraient apprendre à accueillir, *quels qu'ils soient*, plutôt que de se relier vaguement aux « bons » sentiments et d'essayer d'étouffer la force de vie des autres.

Par exemple *l'ennui ou la frustration*, ces « affreux » sentiments auxquels on ne donne guère de considération dans notre société de loisirs, pourraient être présentés comme des opportunités pour mieux se connaître, des invitations à s'écouter.

Ou bien *la colère*, cette embarrassante puissance qui révèle notre maladresse à dire notre mal-être, les enfants pourraient s'exercer à la crier avec la conscience de ce qu'ils veulent, et non pas, selon la coutume, en exprimant ce qui ne va pas chez l'autre.

Ou alors *les peurs*, ces turbulences souterraines, qui se cachent si bien, les écoliers pourraient s'entraîner à aller les chercher derrière les discours rassurants, les sentiments apparents ou les comportements provocants.

Ou encore *la surprise*, cette clé de notre rapport au monde émotionnel, si les jeunes expérimentaient qu'elle peut mener plus à la joie qu'à la panique, cette simple découverte aiderait à créer des citoyens ouverts à la différence.

L'apprentissage, c'est aussi de réaliser nos mouvements de fuite vis-à-vis des émotions qui nous perturbent. C'est ensuite d'acquérir les moyens de les gérer : la capacité de se centrer, de s'arrêter en nous-mêmes, de se laisser surprendre par l'énergie qui survient au niveau du cœur, d'accueillir les vagues de ce courant, d'en mettre parfois une de côté quand elle nous submerge, etc.

Une manière inspirante d'initier à un B.A.-Ba émotionnel m'a été racontée par une amie. Dans son jardin d'enfants, il est demandé le matin à chaque nouvel arrivant comment il se sent. Quand il l'exprime, il rentre dans une ronde où tous les participants chantent plusieurs fois son prénom et l'émotion qui l'habite :

« Jacques est triste ce matin, Jacques est triste ce matin. »

Je garde un souvenir joyeux d'une expérience dans un camp de vacances. Pour initier les enfants à l'expression des sentiments, nous avions peint un grand cercle où à différentes émotions correspondait une couleur. Avant la réunion quotidienne, chacun se peignait le visage en suivant ce code, les teintes représentant sa sensibilité du moment.

10

Une pédagogie de l'élan

*On ne tient pas à ce que l'enfant soit intéressé
par son travail. On lui demande seulement d'obéir.
Si, en classe, il paraît souvent si peu intelligent,
c'est que l'on n'a pas mis son esprit en branle, on ne s'est
pas donné la peine d'éveiller sa curiosité.*

Henri ROORDA

J'AI ÉTÉ MAINTES FOIS CHOQUÉ, en discutant avec des écoliers, de constater à quel point l'intérêt qu'ils portaient à tel sujet était conditionné et limité par les directives qu'on leur avait données.

« Oui, mais cela n'est pas au programme. »

« Ce n'est pas ce que veut le prof. »

« Cela ne vaut pas la peine que j'apprenne cette matière, puisque je ne serai pas interrogé dessus ! »

Quelle tristesse : ils voyaient le monde, non plus à partir de leur curiosité, mais suivant l'imposition d'une hiérarchie.

Quand j'observe la fabuleuse force de curiosité à l'œuvre chez le tout jeune enfant, à quel point tout son être est capté par chaque nouveau sujet de découverte, je suis désespéré de voir le contraste avec l'écolier standard. Quel élan de vie s'est tari et combien l'individu a appris à se limiter ! Et pas seulement sa curiosité. En restreignant cette qualité c'est une part de son intelligence et de sa capacité d'adaptation qui se meurt.

Qu'est-ce qui empêcherait d'accompagner, sinon même de susciter l'enthousiasme du jeune pour la découverte du monde ? De faire confiance à la plénitude de ce mouvement qui lui a fait apprendre dans les premières années de sa vie une ou plusieurs langues, sans programme établi. Pourquoi ne pas donner une priorité à ce qui mobilise dans l'instant son attention ?

Cette pédagogie mettant l'accent sur les élans implique d'inverser la logique de la démarche d'acquisition au sein de l'école publique. Nous allons partir non plus de la visée d'un État, mais de l'interaction des besoins individuels, à la fois des élèves et des enseignants. Cela implique de développer des moyens pour clarifier ces besoins en présence, des stratégies possibles dans le moment, et d'établir des processus d'accompagnement qui vont permettre de tirer un profit maximum des choix effectués.

Si nous souhaitons inciter les jeunes à prendre plaisir à apprendre, il serait nécessaire que les pédagogues commencent par s'amuser. Ils entraîneront ensuite naturellement leurs élèves dans la joie d'explorer. Ce que l'enseignant va transmettre, c'est d'abord son enthousiasme pour une matière.

De ce point de vue, une tâche primordiale de l'éducateur est de conserver son propre élan, de garder la liaison avec les rêves qui le poussent à faire son métier. Cet aspect plaisant de son travail va lui demander de rester au clair sur ses motivations, qui bien sûr vont évoluer avec le temps. Cette vigilance va l'amener à développer une connaissance de lui-même et une connexion avec ses besoins. Ces capacités lui seront utiles dans les moments agités qui surgissent dans l'année scolaire.

Afin de prévenir l'épuisement et la démotivation des enseignants, deux aides me paraîtraient précieuses : créer des espaces d'accueil empathique, pour tenir compte des arriérés d'écoute accumulés aisément dans un métier qui demande d'en offrir tant aux autres ; prévoir des temps réguliers de ressourcement, par exemple annuels, où les profs pourraient s'assurer qu'ils maintiennent les liens avec leurs aspirations profondes.

En plus de l'action contagieuse de l'éducateur, d'autres éléments vont permettre aux jeunes de se relier à cette aventure infiniment passionnante qu'est le questionnement de la vie. Un cadre riche, ouvert et incitatif, avec bien des outils et des sujets d'exploration à disposition. Le moins possible de pression vers un but, tant qu'un écolier n'a pas choisi une direction claire – parce que les contraintes suscitent une résistance proportionnelle à la force exercée, ce qui amène à une coupure de l'élan intérieur.

Cela ne veut pas dire que nous abandonnons la notion d'objectif. Quand un élève s'est fixé sur un projet, des objectifs sont définis, d'entente avec son enseignant, mais ceux-ci sont évolutifs. Des co-évaluations régulières permettront de les adapter, afin qu'ils demeurent au service de la démarche d'apprentissage et ne deviennent pas des freins.

L'essentiel n'est pas dans le projet choisi, mais dans la manière dont il est vécu par le jeune et dont le cheminement est exploité par son enseignant. La construction de cerfs-volants n'a pas moins ni plus de valeur que la trigonométrie, pour autant que la matière soit abordée avec passion et que le contexte permette d'en faire germer les acquis.

11

Apprendre à ne pas savoir : la remise en cause, fondement d'une pédagogie non-directive

Je me demande quand une tortue rentre sa tête
dans sa carapace
S'il y fait si sombre qu'elle a peur d'être dedans ?
Je me demande si une pierre aime être dure ?
Je me demande si le ciel aime être bleu ?
Ruth BEBERMEYER

DERNIÈREMENT, lors d'une formation donnée à des adolescents avec ma collègue Fabienne Rauch, nous avons pu goûter à la magnifique capacité de remise en question du monde qui s'opère à cet âge, grâce à une des participantes qui exprimait ses doutes par rapport à ce que nous proposions. Nous lui avons témoigné tout le plaisir que nous prenions à entendre sa faculté de remettre en cause ce que nous disions et la sécurité que cela nous donnait, car ainsi nous pouvions

– 51 –

nous permettre d'être moins vigilants, sachant que ce que nous dirions serait passé au crible de la critique.

Cependant, cette jeune fille fondait ses remarques sur ses représentations du monde, dont nous pouvions craindre qu'elles étaient déjà figées. Elle nous disait en effet : « Je garde mes idées » ou « J'ai mon opinion ». *Elle avait déjà appris à savoir !* Je le regrette, car si la remise en cause est fondée sur un système de représentations déjà acquises, elle ne peut exercer une action suffisamment pleine pour critiquer certaines croyances figées. Pour arriver à un examen vraiment libre de ce qui nous arrive, il est nécessaire de partir du non-savoir. Ce questionnement, qui ne sait rien ou en tout cas ne sait plus pendant suffisamment de secondes, représente pour moi la clé de la créativité.

L'école, celle qui répète des normes et contribue à leur maintien, conduit les enfants à une certaine rigidité de pensée. L'adoption d'hypothèses présentées comme des évidences, la multiplication de réponses toutes faites, les savoirs à ingurgiter sans commentaires ni critiques réduisent la merveilleuse plasticité de l'esprit enfantin. Chaque certitude acquise (je rappelle que je nomme « certitude » une croyance cristallisée) fait mourir une part de nous-mêmes. Ces « pensées figées » sont des entraves à notre capacité à nous relier à l'instant. Un esprit profondément angoissé se cramponne à ses croyances. Au contraire, un esprit sûr de lui apprend à développer une confiance en ce qui vient, à garder un esprit ouvert, tout simplement.

La flamme de l'intelligence (que l'éducation réduit si souvent en cendres), c'est la puissance d'un questionnement permanent, d'un regard toujours neuf sur les choses, qui ne tient rien pour acquis. C'est le cadeau de la remise en cause des convictions de l'enseignant et de l'enseigné, afin qu'ils cheminent ensemble sur des routes qui n'ont jamais été foulées.

La flamme de l'intelligence, c'est ce regard extraordinaire du jeune enfant sur le monde, perpétuellement surpris. La magie révélée dans les dessins d'un bout de bois, la forme d'une montagne, les couleurs d'un aliment. Et la question jaillit :

« Pourquoi les flammes ne descendent jamais ? Que ressent l'herbe quand on la coupe ? D'où vient l'eau de la source, puisqu'il n'a pas plu depuis une semaine ? »

Quel monde se créerait si les enfants étaient encouragés à poursuivre ce questionnement ?

C'est une raison supplémentaire de l'exploitation pédagogique des élans des jeunes. Cet élan va permettre que le thème exploité garde sa fraîcheur et soit exploré de fond en comble.

Une école selon mon goût mettrait autant l'accent sur désapprendre que sur apprendre. Un sujet serait traité une première fois. Puis nous encouragerions les jeunes à l'oublier pour un temps. Ensuite nous y reviendrions. Qu'est-ce qui est resté ? Comment cette partie s'est-elle inté-grée dans leurs esprits ? Revoyons les éléments que la mémoire n'a pas gardés en conscience, comme s'ils n'avaient jamais été traités. Comment les regarder autrement pour permettre de révéler leurs différents aspects ?

Nous allons stimuler les écoliers à rester avec leurs questionnements. Surtout ne pas leur mettre de pression pour qu'ils assimilent un sujet – que trop vite, ils risquent de se contenter d'un acquis. Laissons les interrogations mûrir en eux, puis aidons-les à les formuler, à tisser des ponts avec d'autres éléments.

Nous allons favoriser leur faculté de douter, de remettre en question leur grille d'interprétation des événements. Nous les aiderons ainsi à garder la vivacité naturelle de leur esprit, la flamme innée du questionnement. Nous contribuerons à ce qu'ils puissent devenir des membres actifs de la société, c'est-à-dire des citoyens dérangeants. Ce pouvoir de susciter et de rester avec l'inconfort va permettre l'évolution de leur environnement.

C'est la pesanteur de nos savoirs qui représente le principal obstacle à une vie créative et à une connaissance plus intime du monde.

C'est notre rapport à la surprise qui révèle notre capacité à accueillir le monde tel qu'il est, plutôt que la défense de nos croyances.

12

Le problème des limites

> *La culture est en quête de norme,*
> *est en quête d'adhésion collective,*
> *pourchasse l'anormal.*
> Jean DUBUFFET

UN PROBLÈME lancinant dans l'éducation est celui des limites. Régulièrement, j'entends des parents me dire :

« Oui, mais il faut bien poser des limites à nos enfants ! »

J'aurais envie de leur répondre (dans la réalité, je commence par les écouter, cela nous permet de nous comprendre plus vite) :

« Je suis tout à fait d'accord, cependant est-ce que vous pouvez m'expliquer ce que vous mettez derrière ce mot ? »

parce que je vois que l'on y fourre bien des significations différentes.

La question fondamentale pour moi est de savoir, quand une personne parle de limites,

– 55 –

si elle part d'un besoin ou d'une vision straté-
gique ?[1]

Au niveau du besoin, je constate que les enfants
(et, en fait, les adultes aussi) sont sécurisés par des
cadres clairs. Il est possible d'y répondre en proposant des repères. Ces derniers sont des moyens
mis au service de la vie. Pour délimiter le cadre,
nous allons utiliser des limites précises, dans un
but constructif. Si des repères ne conviennent
plus, nous pouvons les remplacer par d'autres,
tant qu'ils permettent de nourrir les besoins en
présence (le plus souvent la sécurité, le sens ou
l'appartenance).

Dans cette visée, la limite représente un soutien de la relation et l'attention est mise sur la
protection de celle-ci. Par exemple, quand un
enseignant propose comme règles de communication pour la classe qu'une seule personne parle
à la fois et qu'on ne l'interrompe pas. Si ces stratégies sont liées explicitement aux besoins de
partage et de clarté dont elles émanent, il y a des
chances qu'elles soient acceptées comme des
aides et non pas comme une nouvelle imposition
venant des adultes.

Dans le quotidien, la complication vient beaucoup de l'attraction que les situations exercent sur
nous. À force d'y penser, des solutions s'imposent
à nous. Cependant, dès que nous croyons savoir

---

1. Par souci de clarté, je souhaiterais préciser que, quand j'utilise
le terme « stratégie », je n'y mets pas de notion de valeurs. Je
l'emploie pour désigner la mise en œuvre d'actions, en vue
d'obtenir la satisfaction des besoins.

la manière exacte dont notre besoin doit être satisfait, nous ne sommes plus en liaison avec lui, mais avec le niveau de la stratégie.

Bien sûr qu'à un moment nous allons employer des moyens d'action, mais souvent, quand les gens parlent de limites, ils ont d'avance des idées arrêtées sur celles qui doivent être posées. Ce sont des règlements, des punitions, une tape, un avertissement. *Ils leur donnent le sens de contrainte et non pas d'aide.*

Une difficulté cruciale dans les relations entre parents et enfants vient du fait que très souvent les premiers sont au clair sur les stratégies qu'ils veulent mettre en œuvre vis-à-vis de leur progéniture, mais pas sur les besoins qu'ils nourrissent à travers elles. Ils me déclarent :

« Il est nécessaire que notre fille aille se coucher avant 21 heures. »

« Je tiens à ce que mes fils aient une alimentation variée. » Etc.

Leurs stratégies sont manifestes. Cependant, quand je leur demande :

« Pourquoi est-ce important cette façon de faire pour vous ? Pas pour votre enfant ! Je peux bien imaginer le sens que vous voyez pour votre enfant, mais qu'en est-il pour vous ? »

je suis frappé du temps nécessaire pour trouver une réponse.

Quand ces parents contactent les besoins qu'ils cherchent à satisfaire à travers leurs exigences, fréquemment, celles-ci disparaissent ou se modifient. Par exemple : une fois réalisé que l'essentiel pour eux est de se préserver un temps de ressourcement le soir, la demande envers leur fille devient :

« Qu'elle ne les dérange plus après 21 heures. »

Si un besoin n'est pas clairement exprimé, cela stimule mécaniquement chez l'interlocuteur un réflexe de défense lié à son besoin d'autonomie. Pour avoir vu cette résistance à l'œuvre dans un nombre considérable de cas, j'en ai tiré la conclusion qu'*un des plus grands services que nous pouvons rendre à nos enfants, c'est d'être clair sur nos besoins quand nous leur demandons quelque chose.* Et, à partir de là, d'être le plus ouverts possible quant aux stratégies mises en place pour satisfaire ce besoin.

Je souhaiterais dissiper des représentations que j'ai entendues fréquemment sur la non-directivité. Pour en expliquer les causes, je dois aborder d'abord la notion de croyance. La croyance fait partie d'une représentation du monde binaire. Chaque fixation mentale a son opposé, qui n'est pas un autre paradigme, mais le revers de la même médaille. Si nous imaginons une chose juste, nous sommes prêts à la voir fausse. Si nous projetons sur quelqu'un un fantasme d'intelligence, nous acceptons inconsciemment l'image de sa stupidité.

Dans notre culture de l'efficacité, beaucoup de personnes sont habituées à focaliser sur les stratégies. Quand est survenue la mode d'une éducation moins directive, elles se sont dit :

> « Avant je posais des limites et bien, je vais changer ma façon de faire : je vais les supprimer ! »

En réalité, elles sont entièrement restées dans le même système de croyances, mais elles ont imaginé aller dans un système non-directif, alors qu'elles étaient passées en fait d'une attitude directive à une attitude de laisser-aller.

Les personnes prises par ces croyances sur la non-directivité ont donc supprimé nombre de contraintes qu'elles posaient précédemment et se sont convaincues qu'elles avaient changé de doctrine pédagogique. Cela a évidemment donné des situations peu plaisantes. Leurs enfants ont été désécurisés par cette absence de repères et les éducateurs se sont enferrés dans la confusion qu'ils avaient au départ. Comme aucun ne s'y retrouvait, au bout d'un moment, ces adultes ont affirmé :

> « La non-directivité ne marche pas, nous allons remettre des limites ! »

Cette alternance, à partir d'une confusion, pourrait durer encore longtemps. Du moins tant que la compréhension ne se sera pas faite que *directivité et permissivité sont les deux pôles de la même sphère de conscience.*

Comment poser alors des limites à partir de la conscience des besoins ? Une pédagogie non-directive n'a pas pour aide les béquilles des représentations hiérarchiques, des sanctions et autres moyens de contrainte. Pour soutenir son fonctionnement, elle va s'appuyer sur d'autres éléments :

➥ *la plus grande clarté* possible dans la circulation de l'information,

➥ *l'autonomisation* de la majorité de ses acteurs,

➥ *la confiance* réciproque,

➥ *l'augmentation* du nombre de repères.

On ne va pas supprimer les limites, au contraire, on va les augmenter. Un système non-directif va se caractériser par un nombre plus grand de repères.

Plus encore qu'au niveau du faire, c'est à celui de l'être que les limites vont acquérir de la puissance. Notre clarté sur nos besoins, notre fidélité à nous-mêmes et notre congruence sont de belles limites pour les autres. J'ai la conviction que, si nous développons cette architecture interne, nous éprouverons moins la nécessité de poser une structure externe, pour pallier à notre confusion.

Pour favoriser la vie sociale, les repères sont quand même de grands soutiens. Ils peuvent prendre les formes :

➥ *de transmission d'informations :*

« La loi stipule qu'il est interdit aux jeunes de moins de seize ans de fumer. »

« La coutume dans cet immeuble est de dire bonjour quand l'on se croise. »

➥ *d'opinion :*

« La fumée de la cigarette me dérange et je trouverais respectueux si nous pouvions convenir que dans cette salle personne ne fume. »

➥ *d'expression de notre authenticité :*

« Je suis inquiet quand tu me dis que tu pars camper avec deux amis de ton âge. J'aurais besoin de me rassurer que nous allons rester en contact pendant cette période. »

➥ *de demandes concrètes et réalisables :*

« Es-tu prêt à en discuter maintenant ? Y a-t-il quelque chose qui t'empêcherait de faire ce que je t'ai demandé ? »

➥ *de négociation de règles de vie :*

« Est-ce qu'il y a des personnes qui souhaiteraient que nos séances se vivent sans que nous ayons désigné un animateur ? Si oui, pouvez-vous dire pourquoi ? »

➥ *de clarification des champs non négociables :*

« Si vous souhaitez faire partie de notre équipe de football, vous devez participer à au moins un entraînement par semaine. Êtes-vous prêt à accepter cela ? »

➥ *d'indication de la causalité liée à une action :*

« Si tu poses la main sur cette résistance électrique, tu vas te brûler. » Etc.

L'important n'est pas tant le choix effectué parmi la multiplicité des limites, mais plutôt de s'assurer :

➥ *Est-ce que nous les posons bien* pour servir la relation ?

➥ *Arrivons-nous à* ce qu'elles soient perçues ainsi ?

➥ *Y en a-t-il suffisamment* pour « nourrir » les besoins activés ?

13

La valeur de la parole

> *La parole est votre alliée,*
> *elle n'est jamais votre remplaçante !*
> Janusz KORCZAK

L'OUTIL PRIVILÉGIÉ que nous allons utiliser dans une pédagogie non-directive est la communication. Mais, pour que la parole devienne une aide réelle, il faut qu'*elle ait acquis une considération particulière.* Aussi, trouvé-je profitable de la présenter aux enfants comme un élément qu'a priori nous ne remettons en cause que pour une raison salutaire.

À travers le renforcement de la parole, c'est le renforcement de la responsabilisation que nous visons. La non-directivité a besoin pour fonctionner d'un certain degré d'implication de ses membres. Elle s'appuie sur une prise de responsabilité individuelle, proportionnelle aux moyens de chacune et chacun.

Voyons comment y concourir.

En développant une attitude cohérente. *En faisant d'abord nous-mêmes ce que nous disons et en exprimant ce que nous faisons.* Combien de fois ai-je entendu des parents menacer leurs enfants d'une action qu'ils ne commettraient jamais ?

> « Si tu ne viens pas, je vais te laisser dans le magasin ! »

> « Attention, si tu continues nous allons demander à ce policier de t'emmener ! »

Leurs enfants finissent par prendre peu au sérieux ces fantasmes ; cela se voit à l'indifférence qu'ils manifestent face à ces menaces.

En nous investissant pour que les enfants répondent à nos demandes. Il ne s'agit pas de les forcer à les satisfaire, mais de nous engager afin d'obtenir une réponse authentique. Cette qualité d'attention n'est pas anodine. Pour préserver l'énergie de tous, il vaut la peine, avant de la poser, de peser avec soin si notre demande a vraiment du sens.

Par exemple, un parent a demandé à son enfant du soutien pour une tâche. Celui-ci, appliquant une stratégie courante, a acquiescé et n'est pas venu. Le premier peut prendre un instant pour vérifier que sa demande avait pour lui du sens, puis commencer à tirer parti de ce petit conflit, par exemple en déclarant :

> « Je suis agacé quand je t'entends dire oui et que tu ne bouges pas. J'aurais préféré que tu me dises carrément non, au moins j'aurais su à quoi m'en tenir. Tu sais que l'honnêteté

me tient à cœur dans nos rapports, aussi pourrais-tu me dire ce que tu avais dans la tête, quand tu m'as répondu ? »

En montrant l'importance que nous donnons au respect des engagements. Être résigné vis-à-vis des violations des engagements n'a rien à voir avec la non-directivité. Au contraire, elle nous conduit à ne pas les laisser passer sans agir. Nous pouvons rester ouverts au message qui cherche à s'exprimer derrière la rupture. Cette ouverture implique une écoute de ce qui cherche à se faire entendre derrière des actions maladroites. Elle ne veut pas dire que nous acceptons ces agissements ou que nous sommes disposés à remettre en cause notre position.

Néanmoins, nous pouvons ouvrir un espace pour vérifier :

« OK, c'est cela que tu veux me dire ».
Nous pouvons prendre le risque de nous laisser toucher. Et je nous invite à prendre ce risque, parce que plus nous le faisons, plus la relation va pouvoir bouger. Nous allons demeurer fidèles à notre besoin, s'il reste vivant en nous. Mais, nous allons être ouverts quant au choix de la façon d'agir pour le satisfaire. C'est une position de base de la CNV : être attentifs à nos besoins et souples sur les stratégies à mettre en œuvre.

Cette valeur conférée à l'engagement et à la prise de responsabilité pourrait sembler en contradiction avec l'importance de l'accueil de l'instant. Pourtant, je ne les vois pas comme deux facteurs qui s'opposent, mais au contraire qui s'équilibrent. La vision à long terme soutient l'écoute de l'instant.

Il est nécessaire de tenir compte de la fluidité de l'émotion. Elle est bien le message le plus sûr dans la communication, pour autant qu'on ne l'écoute pas comme un objet isolé, mais comme un élément d'une dynamique en cours. J'ai assisté à maintes reprises à cette nécessité de l'accueillir avec du recul.

Ainsi, une personne touche du doigt son épuisement et son besoin de respecter son rythme de vie. Elle réalise à quel point elle ne l'a pas écouté ces derniers temps. Cette prise de conscience la conduit à se faire la demande d'arrêter telle activité, trop fatigante pour elle. En se reliant à cette possibilité, elle est saisie d'un immense soulagement. Tout sonne juste pour elle… et cela l'est. Pourtant, si elle poursuit son écoute, elle va être amenée à mettre son attention sur un besoin de sécurité matérielle et à lui donner la priorité. Elle va choisir de garder son travail, mais il lui en coûtera bien moins d'énergie, parce que les raisons de son choix lui seront devenues claires. Si cette personne avait trop vite cru à son émotion, ou plutôt ne lui avait donné qu'un accueil fragmentaire, elle aurait pu se retrouver en train de prendre une décision en fait trop précipitée pour elle. Ce qui ne veut pas dire qu'elle ne démissionnera pas dans six mois, quand cet élan aura suffisamment mûri.

On peut mener une vie fondée uniquement sur la priorité donnée à ce qui survient instant après instant. Je peux admirer un tel choix ; seulement, pour moi, il n'est pas conciliable avec la non-directivité. Vivre la coopération dans ce système pédagogique implique des relations prenant en compte le respect des besoins du groupe, et donc une vision à long terme.

14

Observer
ou rêver le monde

L'enfant qui voit les détails infimes et réels doit se faire de
nous, qui voyons dans les images de nos synthèses mentales
— à lui inaccessibles — une idée d'infériorité ; il doit nous
considérer comme des incapables, comme des gens
qui ne savent pas regarder.
Maria MONTESSORI

L A PREMIÈRE INVITATION de la CNV est de
développer une sensibilité à *ce qui est* et d'être
conscients des commentaires que nous y ajoutons.
Plus le mouvement d'observation est puissant,
moins des évaluations peuvent s'y glisser. Et
même si nous nous égarons dans un « cinéma
intérieur » à partir des faits que nous avons enre-
gistrés, il nous est possible à chaque instant de
revenir à la rigueur de l'observation en constat-
ant sans commentaires les images avec lesquelles
nous jouons.

Cette attention à ce qui survient est le mouvement naturel du tout jeune enfant. L'intensité

– 68 –

de son rapport au monde est tel qu'il n'y a pas ou peu de distance entre lui et l'objet qui l'attire. Tout son être est capté par la relation présente : la danse des balayures sur le sol, les jeux de la lumière au creux d'une cuillère ou les fascinants reliefs de la purée dans son assiette.

Cependant, dans notre société, où les intermédiaires électroniques sont très présents, ce lien privilégié avec l'instant se fragilise. La multiplication des moyens virtuels de communication favorise notre propension à nous protéger de la réalité en la rêvant. En plus de la diminution des contacts réels, l'accent mis par ces moyens sur la distraction stimule nos systèmes de protection. Au lieu de nous relier aux émotions que la confrontation fait naître, nous les rejetons en commentant l'événement. Le risque étant de donner peu à peu une priorité intérieure aux commentaires sur les faits objectifs, avec la souffrance qu'amène cette coupure, sur le long terme.

J'accompagne régulièrement des groupes de jeunes dans la nature et je suis frappé par leur difficulté à se mettre en lien avec leur environnement. Dans des sorties d'observation d'animaux, je les entends parler pendant des heures, des jours, sur leur vie de classe et leurs loisirs, parfois même quand les bêtes pour lesquelles ils viennent sont sous leurs yeux. Ce décalage avec le présent ne révèle pas un manque d'intérêt pour la nature, ce n'est pas ce qu'ils m'expriment si je les questionne, mais une habitude déjà bien ancrée d'inattention.

J'ai été amené à faire le rapport entre ma capacité d'attention au monde et celle que j'arrive à me donner à moi-même. J'ai pu constater que quand j'apprenais un tant soi peu à regarder en moi, cette aptitude se transposait dans une plus grande ouverture aux autres. Cela m'est douloureux de ressentir alors cette désertion à soi-même chez des jeunes qui, quelques années auparavant, m'éduquaient à aviver mon regard sur les choses.

Aussi, j'aspire à ce qu'observer devienne une autre priorité de l'éducation. Que l'enfant puisse conserver la profondeur de son rapport sensoriel au monde. Qu'il désapprenne à penser ses relations, s'il a déjà été contaminé à le faire, mais s'instruise à les vivre dans l'intensité de ce qui est touché, écouté, vu, goûté, humé.

Une éducation à l'observation mettrait l'accent sur deux axes se complétant mutuellement :

➡ *Acquérir un rapport rigoureux avec la réalité.*

Prendre conscience de nos difficultés à ne pas évaluer notre environnement. Développer la capacité de distinguer les faits objectifs des évaluations, ainsi que de prendre la responsabilité de notre subjectivité.

Cette compréhension pourrait passer à travers des jeux comme celui de « Kim » (où il s'agit de citer le maximum d'objets cachés sous un foulard, qui n'a été soulevé que quelques instants) ; la description de scènes jouées, de tableaux, de paysages, faite comme si le narrateur voulait aider un aveugle à les peindre ; la visite d'un laboratoire de physique, afin de réaliser les moyens que la science se donne pour observer le monde ; etc. Les possibilités ne sont limitées que par la créativité du pédagogue.

Cet apprentissage ferait croître l'amour de la vérité.

➡ *Se sensibiliser à la puissance de nos ressentis.* Développer une pédagogie multisensorielle, qui compenserait la tyrannie actuelle de la vue au détriment des autres sens. Cette attention à tous les sens est déjà le point de départ de la pédagogie appliquée dans les écoles Steiner.

Les jeux qui stimulent notre capacité d'étonnement et d'émerveillement contribuent à l'accroissement de ces capacités, comme les promenades sensorielles les yeux bandés, la mise en peinture de vues qui nous surprennent, la création d'une carte sonore ou olfactive de notre environnement, etc.

Cet apprentissage aiderait à faire grandir l'amour de la beauté.

15

Le triangle relationnel

*On peut contribuer à l'apprentissage de l'enfant,
mais pas enseigner.*
Marshall ROSENBERG

UNE REPRÉSENTATION de l'être humain m'aide
beaucoup à appréhender la complexité de
ses motivations. Des parents, des enseignants
m'ont déclaré s'appuyer sur elle pour décoder les
comportements d'enfants qui leur paraissent trop
contradictoires.

Dans les rapports humains, une complication
fréquente est la croyance qu'un individu est
entier, qu'il est une personnalité monolithique,
tendant parfois dans une direction, parfois dans
une autre. Le travail que j'ai pu faire sur les jeux
des relations m'a convaincu du contraire : je vois
les individus comme des êtres perpétuellement
divisés en des parts intérieures, elles-mêmes souvent en train de s'opposer. C'est pour cela qu'un
adolescent peut envoyer promener ses parents au
cours d'une minute et la suivante leur reprocher

leur manque d'attention envers lui. Il n'y a pas là paradoxe ou esprit de perversité, mais l'expression d'un conflit interne. Il vit un tiraillement entre une fraction intime aspirant à plus de liberté et une autre vivant un grand besoin de sécurité.

La multitude des conflits internes se déroulent entre trois grandes parts :

➜ La première, je l'appelle « *l'animatrice* » ou « l'exploratrice ». C'est celle qui pousse l'individu à prendre des risques, relever des défis, quitter son travail sans avoir d'assurance d'en trouver un autre, qui incite l'enfant à se lever et faire ses premiers pas, etc. Le besoin qu'elle incarne est l'autonomie. Cette tendance nous tire vers l'avant.

➜ La seconde, je la nomme « *la protectrice* ». Sa fonction est d'assurer la sécurité de toutes les parties qui composent un être humain. Quoi que nous fassions, elle souhaite toujours être rassurée. Ce qui ne nous empêche pas de faire de la chute libre ou de l'escalade : elle va simplement demander à être convaincue que nous pouvons le vivre avec une forme de sécurité, car c'est le besoin qu'elle incarne avant tout. Cette tendance nous hale vers l'arrière.

➜ La troisième, je l'ai baptisée « *l'éducatrice* ». Elle représente l'inclination à tirer parti de tout ce qui nous arrive sous la forme de prises de conscience. Il ne nous est pas possible de commettre une action si nous n'y trouvons pas un certain sens, et c'est le besoin qu'elle représente. Cette tendance nous entraîne vers le haut.

Je vois ces trois parts comme des guides à notre service, toujours actifs et qui n'arrêtent jamais de veiller sur nous. Elles forment les trois pointes d'un triangle, chacune tirant dans sa direction propre. La personnalité d'un être humain se situe à l'intérieur des trois côtés de ce triangle, tendant plus dans telle direction ou telle autre, en fonction de la part écoutée dans l'instant. Cependant, il serait illusoire de croire qu'il est possible d'ignorer une de ces parties sur le long terme. Si l'une d'elles n'est pas entendue, elle va accumuler de la frustration et peu à peu se mettre à crier plus fort, jusqu'au moment où elle nous forcera à la prendre en compte.

Quand j'ai du mal à me relier à la force de vie derrière le message d'un jeune, je me demande : « Laquelle de ces trois parties écoute-t-il en ce moment ? »

➡ Quand un élève dit en classe : « Bof, je perds mon temps, ça sert à rien d'apprendre ces dates ! », manifestement sa part éducatrice réclame de mieux comprendre le sens de ce qui lui est proposé.

➡ Quand mon fils me confie, d'un ton désabusé : « De toute façon je n'arriverai pas à jouer ce morceau sans fautes à l'audition », j'entends sa part protectrice qui essaie de lui épargner une désillusion.

➥ Et quand un jeune me déclare : « J'ai envie de passer une nuit blanche avec mes copains », j'imagine que c'est sa part animatrice qui le pousse à faire ce genre d'expériences.

Bien sûr, l'adulte est lui aussi exposé aux mêmes lois de la division interne. Il est lui aussi tiraillé entre ses parts intimes. Une éducation mutuelle implique le même respect pour la complexité du triangle du parent, de l'enseignant, que pour celui du jeune.

Le triangle relationnel m'aide aussi à comprendre les repères qui soutiennent une pédagogie non-directive. Si nous veillons à un équilibre entre les tendances contradictoires des trois parts intérieures, alors les limites que nous allons poser, pour nos enfants comme pour nous-mêmes, vont se tenir naturellement à certaines caractéristiques.

Pour prendre en compte le besoin de sécurité de la « protectrice », nous allons offrir des renseignements :
➥ *nombreux,*
➥ *clairs,*
➥ *fiables.*

Pour tenir compte du besoin de sens de « l'éducatrice », nous allons lui donner des informations qui seront à la fois :
➥ *en lien avec nos besoins,*

➡ *expliquées,*
➡ *évaluables.*

Enfin, pour répondre au besoin d'autonomie de « l'animatrice », nos paroles vont avoir comme caractéristiques :
➡ *d'être souples,*
➡ *de pouvoir être remises en cause.*

La pratique de ces huit critères va contribuer à instaurer cette condition de base d'un fonctionnement non-directif : la richesse des ressources.

16

La relation de confiance

*Qu'est-ce que cette moitié de l'humanité qui, vivant à côté
et avec des adultes, en est, en même temps, si tragiquement
séparée ? Nous lui faisons porter le fardeau de ses devoirs
d'homme de demain sans lui accorder ses droits
d'homme d'aujourd'hui.*
Janusz KORCZAK

CE QUI PERMET un équilibre entre nos parts
internes est la qualité d'accueil que chacune
va recevoir. Cette attention crée peu à peu un
rapport de confiance entre ces trois tendances.
S'il n'y a pas cette bienveillance, beaucoup
d'êtres humains en arrivent à croire qu'ils ont des
adversaires au fond d'eux. Parce que, à force de
n'être pas entendues, les parts intérieures se mettent à crier avec maladresse et elles finissent par
être perçues comme des ennemies ! L'« animatrice » est fantasmée comme un tyran, la « protectrice » comme un flic et l'« éducatrice »
comme un censeur. Un des buts de la relation
d'aide en CNV est de soutenir l'accompagné

dans la réalisation que ces parts intérieures sont en réalité des amis souffrant d'un déficit d'empathie.

Nos conflits intimes se révèlent ensuite dans nos relations extérieures. Le manque d'harmonie intérieure induit une méfiance envers les autres : nous croyons que nous avons quelque chose à défendre ou à justifier. Inversement, la confiance que nous pouvons témoigner envers d'autres êtres humains conduit à développer la confiance entre nos parts internes. Aussi, une aide essentielle pour permettre aux enfants de développer une amitié avec eux-mêmes (selon le titre d'un ouvrage de Pedma Chödrön qui me plaît fort), est-ce de tisser cette confiance dans leurs relations avec d'autres, spécialement ceux et celles qui représentent des modèles pour eux.

Ce lien de confiance représente pour moi la base d'un travail éducatif en profondeur. C'est la première chose que je recherche dans une prise de contact avec des jeunes. C'est le point que je vais presque toujours privilégier en cas de dilemme.

L'importance de la relation de confiance renforce le sens de l'investissement dans la faculté de présence et d'accueil. Les qualités d'authenticité et d'empathie des parents et des éducateurs représentent des exemples inspirants pour les enfants. Elles incarnent ce que chacun sera amené à se donner à lui-même, s'il veut atteindre le bien-être dans sa vie.

17

Le rapport à l'exigence

*S'il est évident que la société doit exercer
un contrôle bénéfique sur l'individu humain,
et s'il est vrai aussi que l'éducation doit
être considérée comme une aide à la vie,
ce contrôle ne devra jamais être contraignant ni opprimant,
mais devra consister en une aide physique et psychique.*
Maria MONTESSORI

SOUVENT DES PARENTS me disent être mécontents des exigences qu'ils se voient en train de poser à leurs enfants. Ils souhaiteraient mieux appliquer le processus de la CNV, qui implique des demandes négociables. Je constate que la tension pour tenir cette aspiration à la non-exigence leur est très coûteuse en énergie, et qu'ils se retrouvent en train d'osciller entre ce séduisant idéal et de culpabilisantes ruptures envers lui. Finalement, l'idée de fonctionner sans exigence devient pour eux une nouvelle forme d'exigence.

Je trouverais plus économique d'exercer d'abord notre bienveillance vis-à-vis de notre nature humaine et d'accepter que nous achoppions régulièrement sur nos limites internes, ce qui nous empêche de réaliser nos valeurs de dialogue en tout temps. À partir de cette indulgence, c'est à l'égard de nos limites que nous pouvons appliquer la CNV. *L'exigence apparaît alors comme la compensation maladroite de besoins refoulés.*

C'est parce que nous aimerions tant être des parents plus aimants, plus disponibles, plus quelque chose, que nous créons cette violence interne. Car nous savons bien le décalage entre là où nous en sommes et ce que nous souhaiterions vivre. Cette différence nous est insupportable et nous avons tendance à la masquer, à la refouler, créant une saturation émotionnelle... jusqu'au jour où nos barrages craquent. Et nous nous retrouvons en train de faire subir à nos proches un comportement que nous détestons. C'est donc la beauté de nos valeurs et de nos idéaux qui suscitent mécaniquement le poids de nos exigences.

D'où l'intérêt de ne plus mettre notre attention sur les charmes du futur, mais d'accueillir ce qui est présent dans l'instant. Être doux avec notre frustration, si c'est cela qui est activé, c'est-à-dire nous donner de l'empathie. Et si notre énervement persiste, accepter de faire avec lui. Nous apparaîtrons certainement beaucoup plus cohérents dans la situation donnée et pacifique sur le long terme à nos enfants. *C'est en acceptant notre violence que nous commençons à la changer.*

Il me paraît utile de se rappeler qu'à chaque exigence à l'intérieur de moi, correspond une autre que je projette sur le monde. Apprendre à gérer notre violence intérieure ou bien celle que nous faisons peser sur notre environnement, revient donc au même.

Ceci dit, voyons un processus plus détaillé pour nous aider à poser des *exigences* en sauvegardant le maximum de bienveillance mutuelle. Partons de l'exemple d'une mère furieuse envers sa fille qui vient de refuser de lui rendre un service.

➡ *Premièrement, je me donne un temps d'accueil.*
Quels sont les signaux d'alarme ? Mes pensées :

> « Je trouve que ma fille exagère ! Qu'elle est capricieuse et qu'en plus elle me prend pour sa servante ! »

Qu'est-ce que ces pensées me révèlent des sentiments et des besoins qui m'habitent ?

> « Je me sens exaspérée, dépitée et déçue ! J'aurais besoin de reconnaissance pour la difficulté du rôle de parent, d'empathie pour l'accumulation de ma frustration (ce n'est évidemment pas la première fois que cela arrive !) et de soutien pour les tâches du quotidien. »

➥ *Deuxièmement, quel choix surgit à partir de mon écoute ?*

Quelle est la direction que prend l'énergie dans l'instant ? Est-ce que ma véhémence est telle que s'impose plus de gérer intérieurement mon conflit ou est-ce que j'ai suffisamment de clarté pour m'exprimer ?

➥ *Troisièmement, est-ce que j'arrive à prendre la responsabilité de mon exigence ?*

Est-ce que je parviens encore à me relier à ce que je veux protéger pour moi ou pour notre relation, plutôt qu'à l'envie de sanctionner ma fille ?

Est-ce que je perçois les limites que j'ai touchées. Est-ce que je ressens suffisamment les besoins frustrés en moi, en arrivant à séparer cette conscience de ce que je me dis sur mon enfant ?

➥ *Quatrièmement, comment est-ce que je la formule ?*

J'exprime un ordre, mais je le mets en liaison avec ma vulnérabilité et j'essaie d'en communiquer le sens. Par exemple :

« Je n'ai plus envie de discuter, parce que je suis trop épuisée et veux préserver mon temps. Maintenant va nettoyer la cuisine ! Je serais rassurée ainsi que nous mettons tous du nôtre pour le rangement de la maison. »

Attention ! Une complication fréquente dans ces moments-là est de laisser ressurgir nos vieux conditionnements et de rajouter une menace. Nous serions alors en train d'affaiblir l'exigence, en sous-entendant qu'elle ne se suffit pas à elle-même. Si nous donnons un ordre, qu'il ait au moins le mérite d'être clair.

➡ *Cinquièmement, quel va être l'accompagnement qui va suivre ?*
De mon expérience, l'exigence n'est pas si problématique. Ce sont plutôt nos difficultés à l'accompagner qui peuvent stimuler réactivités et défenses – je pars du postulat que nous ne sommes pas confrontés à une fille qui s'est habituée à se soumettre ou à se révolter aux ordres, mais est accoutumée à un mode de relation basé sur un respect mutuel. Si nous en avons l'élan, nous pouvons tenter d'être un tant soit peu à l'écoute de la réaction de l'autre :

> « Peux-tu juste me dire comment tu le prends ? »

Souvent dans ces moments-là, nous n'avons pas l'envie ou les moyens d'investir dans l'empathie, mais je trouve souhaitable de garder en tête d'exploiter ce genre de conflits à un moment plus favorable. Ainsi, de revenir le lendemain :

> « Est-ce que tu as compris pourquoi j'étais tellement fâchée hier soir ? »

Dans l'idée d'essayer d'aller cette fois au cœur du conflit, afin d'éviter la répétition de ces situations insatisfaisantes.

– 83 –

18

Une journée d'Ivan,
écolier en 2020

Moi, je veux que l'on apprenne à aimer et à comprendre
ce merveilleux « je-ne-sais-pas » de la science moderne
quand elle s'applique à l'enfant.
Janusz KORCZAK

CE MATIN-LÀ, Ivan se sentait d'humeur si troublée qu'il hésita même à venir à son école. Il s'y décida parce qu'il avait plusieurs projets en cours et qu'il lui était pénible de reporter leur avancée.

Seulement, une fois arrivé à son établissement, aucune des annonces de la salle de répartition ne le tenta. Ni le cours que donnait une de ses camarades sur l'histoire des histoires, ni même l'atelier sur la connaissance du corps humain, qu'il avait planifié pour la matinée et qui l'avait pourtant passionné ces dernières semaines. Il annonça son retrait sur l'un des ordinateurs du hall d'entrée. Quand il fit part de sa décision à ses amis Serge et Rémi, ceux-ci

– 84 –

firent un moment la tête. Ils comptaient sur lui pour battre le record de l'établissement de remontage de squelette, le « mur des dix minutes » ayant été pulvérisé la semaine précédente. Il leur offrit un peu d'empathie et ils s'apaisèrent rapidement. Ils le laissèrent pour recruter un nouveau manieur d'os.

Il alla regarder les offres à la bourse individuelle, mais décidément rien ne l'attirait aujourd'hui. Pas plus la collaboration pour une chronique sportive, qu'une promenade sur les plantes comestibles ou un atelier de poterie. Aussi se rendit-il à l'endroit que ses camarades et lui-même surnommaient la « gare de triage ».

À l'espace ouvert, trois des quatre écoutants étaient déjà pris. Il ne restait qu'Isabelle, ce qui lui convint bien. Il la trouvait plutôt sympathique et même séduisante, malgré le fait qu'elle devait avoir dépassé l'âge canonique de trente ans. La règle pour ces temps d'ajustement du matin était de ne pas dépasser une demi-heure par personne, afin de laisser une place pour chaque demandeur. Pourtant, Isabelle lui en consacra le double. Il lui en fut reconnaissant, car il lui fallut bien cette durée pour atteindre plus de clarté. Il se rendit compte de la lassitude qui l'habitait par rapport à ses activités habituelles et de son besoin d'explorer un terrain radicalement nouveau. Son accompagnante lui présenta les ateliers actuels de connaissance de soi, en lui proposant de ressentir si le moment lui paraissait venu d'en rejoindre un.

Suivant sa suggestion, il marcha ensuite longuement dans le parc. La découverte de soi n'avait pas été jusqu'ici un aspect de l'éducation qui l'avait attiré. L'enseignant qui le parrainait lui avait plusieurs fois fait des propositions dans ce sens, mais il avait été trop accaparé, année après année, par la mise en œuvre de ses nombreuses envies et les temps de recul qu'il avait pris vis-à-vis de l'école avaient été pour ses loisirs. À l'orée de ses quatorze ans, peut-être était-il temps pour lui en effet de s'arrêter et de faire le point ?

Après la pause de treize heures, un peu soulagé, il rejoignit son équipe pour l'atelier « d'analyse de performance du footballeur ». Son engouement pour cette matière était venu du fait que, l'année précédente, l'équipe des « Charbons ardents » avait remporté le tournoi de l'école grâce à un cours de « logique et football ». Avec l'aide d'un professeur, ses membres avaient analysé les stratégies de tous leurs adversaires et élaboré des combinaisons victorieuses pour chaque match. Pour cette année scolaire, sa propre équipe, ainsi que toutes les autres, s'était inscrite à cet enseignement. Afin de s'assurer la victoire, ils avaient défini avec une enseignante ce nouveau cours. Cette après-midi, ils passèrent près de deux heures à essayer d'optimiser leurs mouvements en course, avec l'aide d'une vidéo.

Avant de repartir chez lui, il alla flâner à l'Agora. L'essentiel des personnes présentes était constitué des plus jeunes écoliers. L'Agora était un lieu très valorisant pour eux, où ils pouvaient espérer capter l'attention des anciens de quinze ans. Yvan faisait partie d'un groupe d'influence, d'autant plus efficace auprès des élèves qu'aucun adulte n'avait accepté de le rejoindre, dont la visée était le maintien des tournois de l'école se déroulant encore sous la forme compétitive. L'intention de ses membres était de voter sur ce sujet, lors du prochain conseil d'école, ce qui impliquait d'obtenir au préalable l'arrêt de la prise de décision par consensus. Pour cela, il leur était nécessaire de rassembler au moins une minorité décisionnelle de trente pour cent.

Il passa d'un cercle à l'autre, sans s'asseoir, goûtant le jargon des lobbyistes. Puis il s'éloigna, les oreilles vibrantes de la magie des arguments et le cœur étrangement rasséréné par l'ambiance enfiévrée. Décidément, il était difficile de s'ennuyer à l'école.

19

Les caractéristiques d'une école non-directive

*Il se peut que la plus grande découverte que nous ayons
faite à Summerhill, c'est qu'un enfant naît sincère.
Nous avons décidé de laisser les enfants tranquilles
afin de découvrir leur véritable nature.*

A.S. NEILL

L'ATTRAIT que la compétition exerçait sur les écoliers entraperçus au chapitre précédent, choquera peut-être celles et ceux qui rêvent d'une éducation coopérative. Aussi, voudrais-je m'en expliquer : si je les ai dépeints ainsi, c'est par souci de réalisme. La compétition est un mode de pensée à ce point présent dans nos sociétés, que je crains qu'il ne faille quelques décennies pour limiter son pouvoir de nuisance. Pendant bien des années, je suppose que les éducateurs auront à tenir compte de ce facteur chez les jeunes dont ils s'occupent… ainsi qu'en eux-mêmes.

La relation du quotidien d'Yvan vise à donner une illustration, *parmi de multiples possibles,* du fonctionnement d'une école appliquant globalement la CNV. Le fait que sa structure pourrait revêtir différentes formes représente justement une des caractéristiques de cette pédagogie. Cependant, quelle que soit la représentation que nous pouvons nous plaire à faire d'un établissement scolaire de ce type, quelques spécificités se retrouveraient. Dans ces écoles, il y aurait toujours :

➡ *Un accent sur les élans* et les besoins mutuels, tant des enseignants que des élèves.
➡ *Une richesse de l'environnement* et une action des éducateurs axée plutôt sur l'évolution du milieu, que sur un changement direct de l'individu.
➡ *Une souplesse des règles* et des rôles, avec une fluidité dans leur évolution.
➡ *Une éducation globale* prenant en compte les différents aspects des êtres sociaux que nous sommes (les apprentissages s'effectueraient tant par des prises de conscience, que des connaissances intellectuelles et relationnelles, des intégrations corporelles et émotionnelles, etc.).
➡ *Une démarche d'accueil* des besoins d'empathie et des conflits.
➡ *Une conscientisation* des responsabilités individuelles et des conséquences de nos actes.
➡ *Un mode de prise de décision* essentiellement consensuel.

J'aimerais donner les grandes lignes du fonctionnement de l'établissement que je me suis amusé à imaginer dans le chapitre précédent.

– 89 –

Pour les élèves motivés à acquérir de nouvelles connaissances, trois possibilités d'étude sont offertes :

➥ *Les recherches* et les expérimentations en cours.
➥ *Les apprentissages* à partir d'une animation ou d'un partage de jeunes.
➥ **Les apprentissages** à partir d'une animation ou d'un partage d'un enseignant.

Dans une pédagogie non-directive, le co-apprentissage s'effectue à partir des compétences mutuelles. Il est regardé chaque jour qui aurait le souhait de partager un acquis avec le groupe (ce n'est pas forcément un enseignant et cela n'empêche pas les projets à long terme). Les pédagogues peuvent tenir des rôles variés : susciter l'enthousiasme, donner des repères, aider à se connaître, transmettre des informations et accompagner les sujets de recherche.

Si un jeune est démotivé, l'alternative s'offre à lui entre :

➥ *Prendre un temps de repos,* de jeu ou de créativité. Des espaces de détente, de jeu et d'expression artistique sont à disposition pour ceux qui ne veulent pas suivre les activités prévues. Par ailleurs, suivant l'invitation émise tant par Rabindranath Tagore que Célestin Freinet, une possibilité de ressourcement dans la nature est proche de l'école.
➥ *Investir pour clarifier ses besoins* en faisant appel à l'espace ouvert. Dans ce lieu d'accueil,

des accompagnants, écoliers et enseignants proposent des temps d'écoute pour aider ceux qui le souhaitent.

Tous les moments à l'intérieur de l'école sont présentés comme faisant partie de la même démarche globale d'apprentissage, même les temps de repos, de jeu ou d'empathie. Ce qui compte, c'est l'attention investie pour en tirer un sens.

À partir de la clarification que lui aura permis l'espace ouvert, l'écolier peut aller dans trois directions :

➡ *Le retour à l'une des trois formes* quotidiennes d'apprentissage.

➡ *Une période d'investissement* pour mieux se connaître (et l'école propose des ateliers allant dans ce sens).

➡ *Un nouveau projet* à partir de l'élan qui lui est venu.

Pour gérer les problèmes de l'école et pour intégrer les idées inédites, un conseil se réunit régulièrement. Les décisions y sont prises par consensus de toutes les personnes présentes. En cas de blocage, il est possible de revenir à un fonctionnement démocratique. Quelques règles corrigent les jeux de pouvoir propres à ce mode. Cet apprentissage de la vie de groupe se fait dans l'Agora, qui est aussi un lieu de rencontre et d'échange.

20

Ouverture

*Aucun problème ne peut être résolu sans changer
le niveau de conscience qui l'a engendré.*
Albert EINSTEIN

IL ME PARAÎT plus sage de ne pas terminer par
une conclusion un livre abordant un sujet sur
lequel on ne peut jamais mettre le mot « fin ».

Je réalise avoir beaucoup invité les enseignants
à considérer la portée globale de l'éducation,
alors que je sais bien qu'un grand nombre d'entre
eux y aspirent, mais qu'ils sont limités par le
manque de moyens à leur disposition et par les
carences des structures. Cette éducation globale
ne se fera pas sans une transformation profonde
de ces structures. Cependant, elle-même ne
pourra se vivre qu'à la suite d'une révolution des
consciences. La plus grande pauvreté des ressources n'est pas matérielle, mais intérieure : le
poids des conditionnements, qui limite notre
pouvoir de présence, d'accueil, d'ouverture et de
créativité.

Cela n'implique pas pour moi une augmentation d'une charge de travail déjà considérable et peu reconnue. Je rencontre trop souvent des éducateurs épuisés par leurs engagements pour me permettre une telle idée. Je le vois plutôt comme une modification de leur cahier des « charges », vers un cahier de « légèretés ». Avec moins de temps consacré à l'enseignement forcé d'une matière, au profit de l'apprentissage des relations et de tâches d'animation.

Peut-être n'ai-je pas suffisamment insisté sur la prise de responsabilité des parents ? La mission de l'enseignant n'implique pas pour moi la démission des parents. Au contraire, j'ai la conviction que tous les investissements dans une qualité profonde d'attention à soi-même et à l'autre, préconisés au niveau de l'école, ont encore plus de sens au sein de la famille.

J'émets le vœu que l'éducation contemporaine prenne plus globalement en compte son principal acteur : l'enfant. Que les contacts entre jeunes et éducateurs se construisent à partir de cette expression naturelle de l'amour : le respect mutuel.

Bibliographie

BARET Éric, *De l'abandon*, Paris, Les Deux Océans, 2004.

ILLICH Ivan, *Une société sans école*, Paris, Seuil, 1971.

KORCZAK Janusz, *Comment aimer un enfant*, Paris, Robert Laffont (Réponses), 1978.

KRISHNAMURTI, *Aux étudiants*, Paris, Stock, 1978.

KRISHNAMURTI, *Réponses sur l'éducation*, Paris, Stock, 1982.

MARROU Henri-Irénée, *Histoire de l'éducation dans l'Antiquité*, Paris, Seuil (Points), 1981.

MONTESSORI Maria, *L'enfant. La place de l'enfant parmi les hommes*, Paris, Denoël/Gonthier (Médiations), 1975.

MONTESSORI Maria, *L'esprit absorbant de l'enfant*, Paris, Desclée De Brouwer, 1977.

NEILL A.S., *Libres enfants de Summerhill*, Paris, La Découverte, 2004.

ROGERS Carl, *Liberté pour apprendre*, Paris, Bordas, 1984.

ROGERS Carl, *L'approche centrée sur la personne*, Lausanne, Randin, 2001.

Roorda Henri, « Le pédagogue n'aime pas les enfants » ; Gilliard Edmond, « L'école contre la vie » ; Rougemont Denis de, « Les méfaits de l'instruction publique », in *Trois pamphlets pédagogiques*, L'Âge d'Homme (Poche Suisse), 1984.

ROSENBERG Marshall, *Les mots sont des fenêtres (ou des murs)*, Genève, Jouvence / Paris, La Différence, 1999.

ROSENBERG Marshall, *Une éducation au service de la vie*, Québec, Éditions de l'Homme, 2005.

STEINER Rudolf, *Les bases spirituelles de l'éducation*, Paris, Triades, 1997.

Pour en savoir plus

Si vous désirez mieux connaître la CNV, vous pouvez aller voir sur les sites web :
www.cnvc.org (international, en anglais)
www.nvc-europe.org (européen)
nvc-europe.org/suisse (suisse, où vous trouverez les formations données par l'auteur)

Le Centre international pour la Communication NonViolente (CNVC) coordonne les activités des différentes associations nationales ou groupements régionaux à travers le monde.

Pour obtenir des renseignements concernant la France, vous pouvez contacter l'Association Communication NonViolente (ACNV) :
acnvfrance@wanadoo.fr
Tél. : + 33 (0)1 48 04 98 07
Fax : + 33 (0)1 42 72 01 31

En Suisse, l'Association suisse des Formatrices et Formateurs en Communication NonViolente est joignable aux adresses suivantes :
cnvsuisse@hotmail.com
ASFCNV : Clair Val, 8 – CH-1023 Crissier

Pour la Belgique, vous pouvez vous adresser à la Concertation pour la Communication NonViolente :
cnvbelgique@skynet.be
Tél. : + 32 (0)2 782 10 13

Envie de bien-être?
www.editions-jouvence.com
Le bon réflexe pour:

Être en prise directe:
- avec nos **nouveautés** (plus de 45 par année),
- avec nos **auteurs**: Jouvence attache beaucoup d'importance à la personnalité et à la qualité de ses auteurs,
- tout notre **catalogue**… plus de 300 titres disponibles,
- avec **les éditions Jouvence**: en nous écrivant et en dialoguant avec nous. Nous y répondrons personnellement!

Le site web de la découverte!

Achevé d'imprimer sur rotative par l'Imprimerie Darantiere à Dijon-Quetigny
en octobre 2007 - Dépôt légal : mars 2005 - N° d'impression : 27-1563

Imprimé en France

Dans le cadre de sa politique de développement durable, l'imprimerie Darantiere a été référencée IMPRIM'VERT® par son organisme consulaire de tutelle. Cette marque garantit que l'imprimeur respecte un cycle complet de récupération et de traçabilité de l'ensemble de ses déchets.